saveurs COMPLICES

DES VINS ET DES METS

PHILIPPE FAURE-BRAC
Meilleur Sommelier du Monde

saveurs COMPLICES

DES VINS ET DES METS

AVEC LA COLLABORATION DE
Anne Vantal

PHOTOGRAPHIES
Jean-Charles Vaillant

STYLISME
Éric Trochon

EPA

SOMMAIRE

ENTRÉES

COQUILLAGES ET CRUSTACÉS

POISSONS

V I A N D E S

L É G U M E S

F R O M A G E S

D E S S E R T S

A N N E X E S

Le plaisir du vin et de la gastronomie relève de deux cultures très différentes : celle du nord (Europe et Amérique du Nord), qui privilégie la dégustation du vin seul, en dehors des repas ; et la culture latine, qui associe presque toujours le vin aux plaisirs de la table. J'appartiens pour ma part au monde de la Méditerranée ; et si mon métier de sommelier m'a souvent conduit à goûter les vins pour eux-mêmes, j'ai passé beaucoup de temps, au cours des quelque vingt ans de ma vie professionnelle, à rechercher les plus belles harmonies entre un vin et un mets. Cette poursuite constante, vite transformée en passion, m'a ouvert un monde de découvertes inattendues. C'est l'aboutissement de ces expériences que je souhaite aujourd'hui partager.

Sans doute, en France et ailleurs, la gastronomie au quotidien est-elle en recul – par manque de temps, évidemment. Mais les traditions demeurent, et il reste de multiples occasions d'organiser des repas, pas nécessairement compliqués, pour recevoir des amis ou célébrer une fête en famille. Cela implique de penser le repas à l'avance : quels mets va-t-on servir ? Et comment choisir les vins qui les accompagneront ? Quels que soient le temps et le budget dont on dispose, les possibilités sont nombreuses. C'est d'ailleurs l'une des premières règles que m'a enseignée mon métier de « marieur de vins et de mets » : l'accord parfait unique n'existe quasiment pas ! L'analyse des alternatives possibles autorise, dans la plupart des cas, plusieurs choix.

J'ai souvent réfléchi à la manière dont naît une vraie complicité entre un vin et un plat. Pour la mettre au jour, on peut explorer différentes voies. On peut se tourner vers des alliances que j'appelle « historiques » ou bien tenter de jouer sur la créativité. J'essaie toujours de garder l'esprit libre de toute idée préconçue, ce qui permet d'apprécier avec équité les diverses possibilités. On pourrait penser par exemple que les alliances historiques, géographiques et régionales n'existent que par respect d'une tradition. Il n'en est rien, car un produit et un vin élaborés sur le même terroir, dans la même région, ont l'avantage d'avoir évolué ensemble au cours de l'Histoire. Rien d'étonnant donc à ce que les produits régionaux s'accordent souvent remarquablement bien : ils se sont mutuellement influencés, à la manière d'un vieux couple, jusqu'à créer une entité parfaite.

Si l'on recherche un accord vin-mets plus créatif, il faut savoir tenir compte de plusieurs éléments : les parfums – qui déterminent le goût –, et la structure, la matière, la densité (du vin et du plat) qui caractériseront la manière dont on profite d'une bouchée. Quelques mariages se révèlent périlleux : un vin très raffiné et discret perd ses moyens devant un plat trop puissamment aromatique ; un vin fluide paraît vite dilué face à la chair serrée d'une viande consistante. Mais sur le chemin de la complicité entre les deux composantes du couple idéal, les surprises ne manquent pas. On découvre à l'occasion qu'un vin d'une grande élégance peut sembler déséquilibré aux côtés de certains plats ; que les vins les plus subtils gagnent parfois à être servis auprès de mets simples comme une viande grillée, qui leur conservera leur délicatesse ; qu'un vin qui, dégusté seul, semble un peu déséquilibré peut trouver un écho favorable auprès de tel ou tel plat. Certains vins se révèlent même difficiles à apprécier seuls. Un vin jaune du Jura, par exemple, peut surprendre par sa violence aromatique ; qu'on le goûte avec un simple morceau de comté, et le voilà qui dévoile ses notes florales, ses parfums de noix, d'amande et de miel, sa richesse et sa complexité...

Bien sûr, la réalisation d'une alliance harmonieuse ne peut s'envisager qu'avec de bons produits. Il faut encore se préoccuper d'assortir les parfums, les saveurs et les textures. Les parfums, combinés ensemble, ne doivent jamais se heurter ou anesthésier le palais par leur puissance ; les saveurs (acidité, amertume, sucrosité...) doivent se compléter sans surenchère : un vin liquoreux convient mal à un dessert très sucré, par exemple, et un vin un peu vif verra son acidité tempérée par un plat relevé par des notes citronnées ; les textures (fondantes, serrées, fermes ou fluides) doivent se respecter mutuellement : un vin puissamment charpenté demande par exemple des sauces onctueuses capables d'absorber ses tannins.

Là encore, il existe plusieurs solutions. Un premier type d'accord s'apparente à un couple fusionnel : on retrouve dans le plat et dans le vin les mêmes arômes, qui se répondent et se valorisent mutuellement. Prenez un sauternes et un sabayon aux fruits exotiques : dans la bouche, on ne parvient presque pas à les distinguer l'un de l'autre, tant leur complicité est grande. Un deuxième genre de mariage repose plutôt sur l'union des contraires. Dans ce cas, on cherche à mettre en valeur les différences en misant sur leur complémentarité. Imaginez un vieux pomerol, avec ses notes de sous-bois et d'humus, que l'on aurait décidé de servir lors d'un déjeuner d'été : le défi semble difficile à relever ; pourtant, si l'on joue avec le plat sur la fraîcheur d'un fruit dans une sauce ou sur la présence d'une tomate confite, le palais se réveille et le vin ne paraît pas déplacé. Quelle que soit la méthode choisie, l'essentiel est de ne jamais oublier l'objectif final : réaliser une combinaison qui, par le biais des parfums et des matières fusionnés, créera une émotion forte et deviendra, à table, source de plaisir.

Reste encore à se poser quelques bonnes questions liées à l'ordonnancement du repas : c'est cette succession des plats, de l'entrée au dessert, qui doit d'abord former une harmonie heureuse. Que l'on choisisse de faire tout le repas avec un même vin ou que l'on présente une succession de « couples » vin-plat bien assortis, on ne doit pas perdre de vue l'ensemble. Aucun plat, aucun vin ne doit jamais faire regretter ceux qui les ont précédés. La règle d'autrefois imposait de servir les vins par ordre d'âge, du plus jeune au plus vieux, en gardant le meilleur pour le fromage. Je n'approuve pas vraiment cette méthode, car l'usage m'a appris que, contrairement aux idées reçues, la plupart des fromages ne mettent pas le vin – surtout rouge et ancien ! – en valeur, et qu'il vaut souvent mieux avec le fromage un vin jeune, un peu fougueux, dont les arômes ne seront pas mis à mal par la puissance de certains fromages...

S'il faut donc donner quelques consignes simples, en voici. La succession des vins au cours d'un repas doit aller du plus léger au plus corsé, et généralement du plus jeune au plus vieux, exception faite pour le fromage. Quant à l'éternelle question du choix d'un blanc ou d'un rouge, une manière simple de trancher sans prendre de grands risques consiste à se laisser guider par le bon sens, en réalisant un accord... de couleurs. On a peu de chances de se tromper en servant un vin blanc avec une terrine de poissons blancs, une volaille ou une viande blanche ; à l'inverse, les rouges font merveille sur les viandes rouges et les volailles à chair plus sombre comme la pintade ou le canard, mais aussi sur des poissons à chair rouge comme le thon ou le rouget... Si l'harmonie réalisée avec cette méthode n'est pas toujours parfaite, elle a au moins le mérite d'éviter les erreurs les plus graves.

Et si l'on choisit de ne servir qu'un seul vin, il reste encore bien des manières de le faire paraître différent à mesure que le repas avance. Il faut d'abord déterminer quel sera le plat principal – poisson ou viande, en général –, et choisir le vin en conséquence. Il s'agit ensuite d'adapter à ce vin une entrée qui saura le mettre en valeur, et constituer un plateau de fromages qui ne le heurtera pas. Il faut apprendre également à jouer avec la température de service du vin et son niveau d'oxygénation. Laissons de côté les idées reçues et imaginons un repas entièrement construit autour d'un vin blanc : le vin, bien frais, pourra être servi en apéritif et sur l'entrée ; on le laissera ensuite monter un peu en température dans le verre, pour qu'il ait pris de l'ampleur au moment où l'on sert le plat principal. Et pourquoi s'obliger à ouvrir un vin rouge au moment du fromage ? Il vaut mieux offrir un plateau de fromages de chèvre bien choisis, avec lesquels le vin blanc, pas trop froid à ce moment et bien oxygéné, conviendra mieux qu'aucun rouge.

Tout cela vous semble un peu complexe ? Alors plongez sans retenue dans les pages suivantes. Vous y trouverez des suggestions qui toutes mettent en avant la complicité quasi idéale entre un vin et un plat. Pour la facilité d'utilisation, les plats sont déclinés dans l'ordre d'un repas, de l'entrée au dessert. À chaque fois, j'essaierai de vous expliquer pourquoi cet accord peut approcher la perfection. Mais je vous donnerai d'autres informations : comment remplacer le vin par un autre ; ou quels autres plats apprécier avec tel ou tel vin (ce qui vous permettra, si vous le souhaitez, de ne servir qu'un seul vin tout au long du repas) ; je vous fournirai des précisions sur l'âge et la température du vin, ou sur la nécessité de le carafer à l'avance. Et, pour répondre à la demande que l'on me fait régulièrement, je vous suggérerai – pour chaque appellation viticole – quelques bons domaines dont vous retrouverez les adresses en fin d'ouvrage.

Vous êtes perdus ? Allez tout droit vers les index. Ils sont deux, et ont été conçus de manière croisée. Le premier répertorie non seulement les plats, mais la plupart des ingrédients qui pourraient vous poser problème. Vous cherchez quels vins associer à la force gustative d'un poivron ou à la puissance d'un plat où l'ail règne en maître ? Cherchez à « poivron » ou à « ail ». Le second index s'intéresse aux appellations de vins. Vous vous demandez quel plat servir avec le châteauneuf-du-pape rouge que vous avez conservé soigneusement depuis dix ans dans votre cave ? Regardez au mot « châteauneuf » puis reportez-vous aux pages indiquées : vous y trouverez au moins une suggestion qui vous conviendra. Et puisqu'il s'agit ici de vous mettre l'eau à la bouche, autant vous aider à passer aux fourneaux, en vous donnant les recettes des plats que je propose (pages 152 à 165).

Je vous souhaite en tout cas beaucoup de belles découvertes et de plaisir gourmand... Car au-delà des habitudes et des cultures doit prévaloir le goût de chacun. Quiconque apprécie une gastronomie en particulier va se mettre en quête du vin qui saura au mieux mettre cette cuisine en valeur ; et pour qui, comme moi, est d'abord un amoureux du vin, la recherche se fera en sens inverse jusqu'à la découverte du mets avec lequel le vin s'exprimera complètement. De toute façon, il s'agit toujours de plaisir, un plaisir de la table qui associe, avec complicité, le partage et la découverte.

La barrette des saveurs
Dans chaque page, le goût du vin est illustré par une barrette de couleurs. Un curseur y indique ce goût. Plus claire est la couleur, plus le vin est léger, tendre, au caractère peu complexe, et en général à boire assez tôt. Plus la couleur est soutenue, plus le vin est puissant, complexe et de garde.

POUILLY-FUMÉ
assiette de poissons fumés

AOC
pouilly-fumé
RÉGION
Loire
VIN BLANC
SUPERFICIE
1 000 ha
CÉPAGE
sauvignon

Saumons, flétans, harengs fumés : des poissons aux textures serrées et aux saveurs fortes, teintées d'arômes boisés, dont bien peu de vins se montrent capables d'affronter l'intensité aromatique.

L'assiette de poissons fumés est un régal pour tous les sens : les tranches fines et translucides exhalent un parfum prononcé dans lequel le nez reconnaît, selon le cas, le bois de hêtre ou de chêne employé lors du fumage, tandis que dans la bouche les chairs fondantes se délient lentement.

Les Scandinaves, on le sait, aiment à accompagner les poissons fumés d'aquavit, voire de vodka, servis glacés. L'idée n'est pas mauvaise, puisqu'elle permet un mariage violemment contrasté. Ma préférence va plutôt vers un vin blanc, que j'évite surtout de choisir trop rond ou trop gras, afin de fuir une rivalité de textures qui nuirait à l'ensemble. Pour moi, un vin blanc très sec, servi presque froid, et dominé par la minéralité et la fraîcheur constitue une solution idéale. Un sancerre conviendrait très bien, mais l'un de ses proches voisins, le pouilly-fumé, forme avec les poissons fumés une alliance plus réussie encore. J'en ai fait la découverte il y a vingt ans, alors que je visitais le vignoble. Les producteurs accompagnaient leur pouilly d'huîtres, de petits morceaux d'andouille ou – et c'est ce qui m'a tout de suite séduit – de lamelles de saumon de Loire légèrement fumé. Marqué par les notes de silex que lui confère son terroir, le pouilly, vif et nerveux, incisif presque, montre un caractère très minéral. En même temps, son fruité exprime toute l'exubérance du cépage sauvignon dont on reconnaît aisément les parfums de bourgeons de cassis et les notes citronnées.

Pour un équilibre parfait, il vaut mieux s'en tenir à un vin plutôt jeune. En prenant de l'âge, le pouilly-fumé perd en effet un peu de son relief désaltérant, tout en gagnant en complexité aromatique : assagi en quelque sorte, plus ample et généreux, il se fait apprécier avec une quenelle de sandre ou de brochet servie avec des pointes d'asperges.

Avec une assiette de poissons fumés
Sancerre
Menetou-salon
Riesling sec de Moselle
Sauvignon de Nouvelle-Zélande
Champagne blanc de blancs assez jeune
Aquavit ou vodka

Avec un pouilly-fumé
De 1 à 4 ans :
Salade de fruits de mer (coques et moules)
Terrine de poissons aux petits légumes
Homard ou langouste grillés, servis avec un filet d'huile d'olive citronnée
De 4 à 10 ans :
Asperges (servies froides)
Quenelle de sandre ou de brochet en sauce blanche
Fromage de chèvre (chavignol de Sancerre) sec

La sélection du sommelier
Château de Tracy
Didier Dagueneau
Domaine Redde
Domaine des Berthiers Dagueneau
Maison Guy Saget

CASSIS BLANC
terrine de poissons blancs à l'aïoli

AOC
cassis
RÉGION
Provence
VIN BLANC
l'AOC produit aussi
5 % de rouges
et 25 % de rosés
SUPERFICIE
123 ha en blanc
sur un total
de 170 ha
CÉPAGES
majoritaires :
marsanne
et pascal
auxiliaires :
ugni blanc,
clairette,
doucillon

La première étape, délicate, consiste à associer harmonieusement les différents éléments de la terrine. Reste ensuite à choisir le vin qui saura respecter la fermeté des poissons de la Méditerranée, la saveur douce des légumes et la présence de l'ail cru dans la sauce.

Dans la terrine se côtoient des poissons variés – loup, daurade, pageot – et de petits légumes en julienne – carottes ou poireaux – que je préfère juste cuits, presque croquants, pour qu'ils s'opposent à la fluidité de l'aïoli. Je recommande, avec ce plat, une sauce pas trop forte, un peu étendue, dans laquelle l'ail cru doit rester discret pour ne pas « anesthésier » le palais. Aux côtés de la terrine s'impose l'idée d'un vin plutôt jeune, suffisamment onctueux pour équilibrer la fermeté des morceaux entiers de poisson, et dont la minéralité saura dompter la persistance de l'ail. Servi bien frais (autour de 9 °C), il donnera du relief à la douceur des légumes. Dans ce registre, mon choix se porte sans hésitation sur un cassis blanc.

J'aime beaucoup le cassis blanc. D'abord parce que je suis provençal et que ce vin original mérite d'être mieux connu : la belle exposition du vignoble qui domine les calanques de Cassis et la fraîcheur naturelle du climat à cet endroit précis de la côte près de Marseille lui donnent une personnalité unique. Ensuite parce qu'on le réserve trop souvent à l'accompagnement des classiques bouillabaisses et bourrides servies sur le port. C'est justement dans un restaurant de Cassis (où j'avais l'intention de commander une bouillabaisse !) que je l'ai dégusté pour la première fois aux côtés d'une terrine de poissons blancs à l'aïoli : ce mariage de produits locaux fonctionnait à merveille. Avec ses notes minérales issues des sols calcaires et son fruité qui évoque la garrigue toute proche, le cassis se prête d'ailleurs à de multiples alliances : on le boit jeune, vers deux ou trois ans, plutôt en apéritif ou en début de repas. L'été, il accompagne les poissons grillés ; et l'hiver, je l'aime beaucoup avec des coquillages ou des moules gratinées à l'ail et au persil.

Avec une terrine de poissons blancs à l'aïoli
Ajaccio blanc
Savennières
Nuragus de Cagliari (Italie)
Grüner Veltliner de la Wachau (Autriche)

Avec un cassis blanc
Terrine de chèvre frais aux jeunes poireaux et tomates confites à l'huile d'olive
Soufflé aux fruits de mer
Escargots à la provençale (cagoles)
Bouillabaisse et bourride
Bar grillé aux tiges de fenouil (sans adjonction de pastis !)
Papillotes de cabillaud
Merlan pané beurre maître d'hôtel
Gratin de courgettes chaud ou froid
Fromages de chèvre fermiers de Cassis arrosés d'huile d'olive

La sélection du sommelier
Château de Fontcreuse
Clos Sainte-Magdeleine
Clos Val Bruyère
Domaine du Bagnol
Domaine Saint-Louis

BOURGUEIL ROUGE
assiette de charcuteries

AOC
bourgueil
RÉGION
Loire
VIN ROUGE
l'AOC produit aussi 3 % de rosés
SUPERFICIE
1 250 ha en rouge sur un total de 1 285 ha
CÉPAGES
majoritaire : cabernet franc (localement dénommé breton) auxiliaire : cabernet-sauvignon

Rillettes, saucissons, andouille ou jambon cru : les charcuteries les plus délicieuses sont parfois un peu riches, poivrées et... redoutables pour la plupart des vins.

Réussir une alliance équilibrée entre le vin et la charcuterie se révèle moins facile qu'il n'y paraît. Il s'agit d'abord de respecter une ambiance : vouloir accompagner ce plat tout simple, un peu canaille, d'un vin trop complexe serait sans conteste une faute de goût. Il appelle au contraire un vin fruité, désaltérant, agréable et facile, avec un côté bien français et authentique. Et c'est un bourgueil qui, à mes yeux, se joue de ces difficultés avec le plus de brio.
Auprès de la charcuterie, le bourgueil fait pour moi figure de vin fétiche. Je l'associe au souvenir de quelques bons moments passés avec l'acteur Jean Carmet, qui aimait tant accompagner son saucisson d'un verre de bourgueil... On aurait tort de ne trouver à ce vin qu'un intérêt moindre : magnifique au contraire, simple mais racé, il a le mérite d'être abordable et de se prêter à d'innombrables alliances gastronomiques. Il sait se faire désaltérant face à une andouille de Guéméné ou des rillettes. L'harmonie s'installe d'abord sur une complémentarité entre les textures riches de la charcuterie et la rondeur fruitée du vin qui exhale des parfums de cassis et de framboise. Mais elle repose tout autant, avec beaucoup de finesse, sur la présence de notes épicées et fumées qui évoquent une ambiance bon enfant autour de la cheminée. Inutile de carafer le vin ou de trop l'attendre : dès l'âge de deux ou trois ans, servi plutôt frais (16 °C), le bourgueil se montre capable de jouer les premiers rôles tout au long d'un repas. Moyennement charnu, il accompagne facilement poissons et fromages, dont il ne masque pas les qualités. Sa personnalité et ses tannins un peu végétaux lui permettent tout de même de vieillir : je le sers alors autour de 18 °C, avec un faisan ou une perdrix bardés de lard cuits en cocotte.

Avec une assiette de charcuteries
Vins rouges :
Beaujolais
Côtes du rhône-villages
Vins de corse calvi
Vins blancs :
Chignin bergeron
et autres vins blancs de Savoie
Beaujolais blanc
Vouvray sec

Avec un bourgueil
De 2 à 3 ans :
Poissons de rivière : sandre,
brochet en sauce au vin rouge
Congre en sauce au vin rouge
Matelote d'anguilles
Poule de Loire fermière,
avec une garniture de pommes de terre,
oignons et lardons
Quasi de veau cocotte,
avec petits pois et lardons
Préparations fromagères :
tartiflette au reblochon
Brie
Fromages de chèvre de Loire :
sainte-maure, pyramide de Valençay
De 5 à 8 ans :
Perdrix ou faisan en cocotte

La sélection du sommelier
Domaine Yannick Amirault
Domaine Druet
Domaine Gambier
Maison Lame Delille Bouchard

BEAUJOLAIS ROUGE
terrine de foies de volailles

AOC
beaujolais
RÉGION
Bourgogne
VIN ROUGE
l'AOC produit aussi 1 % de blancs et 1 % de rosés
SUPERFICIE
22 500 ha en rouge sur un total de 23 000 ha
CÉPAGE
gamay

La complicité s'instaure sans difficulté entre un beaujolais de l'année, désaltérant et frais, et une terrine de foies de volailles, dont la texture mousseuse vient équilibrer la fluidité du vin.

J'imagine, entre la terrine et le beaujolais, une harmonie un peu rustique et sans prétention. Tout le monde connaît la terrine de foies de volailles, avec sa pointe d'amertume, sa texture aérienne et mousseuse et ses notes d'épices douces. Quant au beaujolais, il n'est presque nul besoin de présenter ce vin aux notes acidulées de groseilles et qui, dans la bouche, rappelle la chair pulpeuse des fraises ou des framboises.
Fin novembre, le beaujolais primeur prend place sur quasiment toutes les tables françaises. On le trouve souvent aux côtés de charcuteries diverses, mais j'aime surtout le mettre en valeur auprès d'une terrine fondante, avec une tranche de bon pain de campagne bien croquant. Si le vin est rafraîchi mais non froid, autour de 12 ° ou 13 °C, le tour est joué, à condition toutefois de ne pas choisir une terrine trop poivrée : le mariage n'est réussi que si les notes restent douces.
Le beaujolais mérite mieux que sa vogue passagère de la fin de l'année. Car ce vin, qui est la plus noble expression du cépage gamay, décline ses dix crus avec beaucoup d'élégance. J'ai eu maintes occasions d'apprécier un morgon ou un saint-amour de dix ans d'âge : ces vins échappent totalement à l'étiquette un peu réductrice dont on les affuble trop souvent. Servis autour de 16 °C, ils m'ont enchanté aux côtés de mets plus travaillés, comme des gibiers à plume – faisan, perdrix ou autre – juste rôtis au jus.

Avec une terrine de foies de volailles
Côtes du forez
Côte roannaise
Saint-pourçain
Vin de savoie (gamay)
Bugey (gamay)
Grignolino del Piemonte (Italie)

Avec un beaujolais
Charcuteries : pâtés, rillettes, saucissons
Andouillette grillée
Pintade ou poulet rôtis, avec une ratatouille de légumes frais
Fromages de chèvre : boutons de culotte du Mâconnais et du Beaujolais
Desserts de fruits rouges : soupe de fruits rouges (fraises, cerises, framboises) agrémentée d'un sorbet à la fraise

La sélection du sommelier
Domaine des Terres Dorées
Domaine Pivot Jean-Charles
Domaine Croix Charnay
Domaine Piron
Maison Dubœuf

SAVIGNY-LÈS-BEAUNE ROUGE

jambon persillé

AOC
savigny-lès-beaune
RÉGION
Bourgogne
VIN ROUGE
l'AOC produit aussi 10 % de blancs
SUPERFICIE
315 ha en rouge sur un total de 350 ha
CÉPAGE
pinot noir

Cette spécialité typiquement bourguignonne se révèle moins facile à marier qu'on ne pourrait le penser, en raison des éléments un peu hétérogènes qui la composent : morceaux de viande entiers, herbes au goût fortement végétal et gelée mi-solide, mi-liquide.

Voilà un mariage assez difficile à réussir : le goût végétal du plat porte d'ordinaire à privilégier dans le vin la fraîcheur et l'acidité, tandis que sa texture complexe, avec le côté un peu « fuyant » de la gelée, fait redouter les vins trop denses. Il s'agit donc de rechercher un vin qui ne se montre pas trop écrasant. Le jambon lui-même ne doit pas être trop relevé : trop d'ail ou de poivre bouleverse l'équilibre de l'accord. La délicatesse de la chair dense et fondante doit rester dissimulée, dans un premier temps, sous la saveur du persil et des herbes infusées dans la gelée. Avec un tel plat, les rouges tanniques ou trop puissants sont évidemment à proscrire. Voilà pourquoi, en Bourgogne, on sert d'ordinaire le jambon persillé avec un vin… blanc.

C'est pourtant à Savigny même, au début des années 1980, que j'ai découvert ce mariage un peu inattendu avec un vin rouge, lors d'une dégustation chez Simon Bize. Cet excellent vigneron, aujourd'hui disparu, adorait aussi cuisiner : c'est lui qui m'a fait goûter, ensemble, son savigny-lès-beaune avec un jambon persillé qu'il avait lui-même confectionné. Entre ces deux-là, l'harmonie est totale. J'aime beaucoup le style unique du savigny qui naît sur des terrains un peu volcaniques. Franc, aérien, souple et élégant, le vin a des notes fraîches de framboise, des tannins juste présents et une fluidité sans dilution. Toute l'originalité du savigny rouge est là, qui se montre capable de résister aussi bien à des œufs en meurette qu'à des viandes rôties. Avec un jambon persillé, je choisis un savigny encore jeune (cinq ans à peu près) que je sers à 17 °C. Mais avec un millésime plus ancien, je préfère un filet mignon de porc aux carottes, relevé par exemple d'un peu de cumin, pour donner du relief et rappeler la saveur épicée du vin.

Avec un jambon persillé
Chablis premier cru
Pouilly-fuissé
Pernand-vergelesses blanc

Avec un savigny-lès-beaune rouge
De 3 à 5 ans :
Ravioles de champignons aux herbes, sauce vigneronne
Œufs en meurette
Sandre au beurre rouge, tagliatelles fraîches et champignons à l'ail et au persil
Tranche de thon grillé aux herbes
Gigot d'agneau à la broche
Jambon à la broche en sauce vigneronne
Fromages : tomme du Morvan, soumaintrain frais, chaource
De 10 ans :
Filet mignon de porc aux carottes et cumin

La sélection du sommelier
Daniel Largeot
Domaine Chandon de Brialles
Domaine Rapet
Domaine Simon Bize et Fils

1999

PACHERENC DU VIC-BILH MOELLEUX
foie gras de canard en terrine

AOC
pacherenc du vic-bilh
RÉGION
Sud-Ouest
VIN BLANC MOELLEUX
l'AOC produit aussi 40 % de blancs secs
SUPERFICIE
220 ha au total
CÉPAGES
majoritaires (cépages locaux) : arrufiac, petit et gros manseng, courbu
auxiliaires (cépages bordelais) : sauvignon, sémillon

J'aime accompagner un foie gras cuit, en terrine, d'un peu de fleur de sel et d'une petite garniture de fruits – chutney de prunes, fines tranches de pommes séchées ou gelée de coings – et le marier avec un vin qui allie douceur et fraîcheur.

On ne résume pas le foie gras de canard ! Il y en a tellement... Ce qui est certain, c'est que l'accord traditionnel, dans le Sud-Ouest, avec les vins liquoreux est fortement ancré dans les habitudes et a dépassé depuis longtemps les frontières régionales. Il faut avouer que rien ne va mieux, avec la texture moelleuse du foie gras de canard, son goût un peu sauvage, sa pointe d'amertume et ses épices, qu'un vin onctueux, liquoreux mais pas trop sucré, et qui ait su garder une certaine fraîcheur tout en développant des notes confites.

Ma première visite dans le secteur de Madiran remonte à 1984. J'étais allé y goûter des vins rouges avant de faire étape dans une ferme-auberge de campagne. Au dîner, la propriétaire avait posé sur ma table une terrine entière... que je pensais accompagner d'un sauternes. La dame se récria et me proposa un vin local, le pacherenc du vic-bilh. Ce fut une révélation : ce moelleux sans sucrosité excessive, produit dans la vallée de l'Adour à partir de cépages spécifiques à la région, est d'une onctuosité remarquable mais garde une fraîcheur étonnante dans laquelle se reconnaissent des arômes de fruits du verger (pommes, poires, prunes, etc.). Assez proche du jurançon, moins envoûtant que le sauternes, il possède le côté raffiné des grands moelleux et convient très bien au foie gras de canard dont il devient un complice original : il permet aussi de sortir des sentiers battus. Tout jeune, je l'aime avec des fruits frais. Avec un foie gras, je le préfère à l'âge de cinq ans et je le sers autour de 10 °C, pour ne rien perdre de sa fraîcheur. Et lorsqu'il vieillit, le pacherenc s'accorde magnifiquement à certains desserts, de préférence à base de fruits secs. Mais il n'aime à fréquenter ni le chocolat, ni les fruits rouges.

Avec un foie gras de canard
Jurançon moelleux
Sauternes
Barsac
Cérons
Alsace tokay-pinot gris sélection de grains nobles
Vin de Constance (Afrique du Sud)

Avec un pacherenc du vic-bilh moelleux
Fromages de brebis à pâte persillée
Sorbets : mangue, ananas, pomme, poire, banane, litchi
Nougat glacé
Pâtisseries aux fruits secs (pistache, amandes, noisettes)
Quatre-quarts aux agrumes

La sélection du sommelier
Château Bouscassé
Château d'Aydie
Château Laffitte-Teston
Producteurs de Plaimont

CONDRIEU

asperges tièdes sauce gribiche

AOC
condrieu
RÉGION
Vallée du Rhône
VIN BLANC SEC
l'AOC produit aussi des moelleux
SUPERFICIE
100 ha
CÉPAGE
viognier

Dans ce plat très contrasté s'accumulent les difficultés : la texture filandreuse, la saveur végétale et la consistance aqueuse des asperges s'opposent violemment à une sauce au goût prononcé, qu'on a peu coutume de servir avec ce légume. La complicité devrait s'établir avec un vin rond et souple.

Pour l'amateur de vins que je suis, l'asperge constitue toujours un défi ! Réussir un mariage entre ce plat et un vin oblige à prendre en compte tous les détails : les asperges sont-elles servies seules ou en garniture ? Chaudes ou froides ? Avec une vinaigrette, une mayonnaise, une sauce ? J'ai tenté de multiples expériences, et constaté régulièrement que la saveur du légume faisait naître, dans la plupart des vins, une note métallique assez désagréable. Finalement, j'ai découvert cette association étonnante entre l'asperge tiède, la sauce gribiche et le condrieu.

Les gourmets savent depuis longtemps que le condrieu est l'un des rares vins susceptibles d'une alliance complice avec l'asperge : cette petite merveille de la vallée du Rhône, issue du cépage viognier, est – dans sa version blanc sec – un vin de début de repas, à la fois caressant et incisif, dont la palette aromatique fait exploser des parfums de fruits (raisin frais, abricot) et de fleurs (violette) qui tempèrent harmonieusement le côté végétal de ce légume. J'aimais beaucoup le condrieu avec des asperges en vinaigrette truffée ou en sauce mousseline aux agrumes. Jusqu'au jour où j'ai essayé des pointes d'asperges vertes avec une sauce gribiche initialement destinée à un autre plat ! L'idée était un peu osée, à cause du grand nombre d'ingrédients (jaune d'œuf dur, moutarde, vinaigre, câpres, cornichons...) qui entrent dans la composition de cette sauce ; à cause aussi de sa consistance particulière, à la fois onctueuse (c'est une émulsion), granuleuse (on y trouve du blanc d'œuf dur émietté) et croquante (les condiments y sont présents en tout petits morceaux). Malgré cette apparente complexité, le mariage fonctionne parfaitement avec un condrieu de deux ou trois ans, rond et souple, mais à la fraîcheur intacte. Qui plus est, il a l'avantage d'apporter à la classique entrée d'asperges tièdes une indéniable touche d'originalité.

Avec des asperges
tièdes, sauce gribiche :
Chablis premier cru
Pessac-léognan blanc
Alsace muscat sec
Savennières
froides :
Alsace riesling
Pouilly-fumé
Sauvignon de Awke's Bay (Nouvelle-Zélande)
Riesling de la Wachau (Autriche)

Avec un condrieu
De 2 à 3 ans :
Toasts au beurre de crevettes, en apéritif
Œufs mimosa
Dos de sandre poêlé et risotto aux pointes d'asperges
Quenelles de brochet sauce Nantua et riz blanc
De 5 à 7 ans :
Poulet aux écrevisses

La sélection du sommelier
Domaine Cuilleron
Domaine Vernay
Domaine Gaillard
Domaine Perret
Domaine Villard

ARBOIS ROUGE
œufs pochés en meurette

AOC
arbois
RÉGION
Jura
VIN ROUGE
l'AOC produit aussi des rosés, des blancs, des vins de paille et des vins jaunes
SUPERFICIE
450 ha en rouges sur un total de 920 ha
CÉPAGES
majoritaires (cépages locaux) : trousseau, poulsard
auxiliaire : pinot noir

L'œuf, sous toutes ses formes, fait plutôt mauvais ménage avec le vin, qu'il fait paraître un peu métallique, parfois même amer. Si on le prépare en meurette, c'est-à-dire avec une sauce au vin, la difficulté est un peu contournée, et l'accord se trouve « dans la sauce ».

Traditionnellement, c'est plutôt en Bourgogne que l'on aime la recette de l'œuf en meurette. Pour être réussi, le plat exige un peu d'habileté : l'œuf doit être juste cuit, afin qu'il y ait contraste entre l'onctuosité du jaune et la résistance du blanc poché dans l'eau. La sauce au vin montée au beurre apporte, elle, un peu de velouté supplémentaire.
Les ennuis commencent lorsqu'on cherche un vin pour accompagner cette entrée... J'aime bien résumer en disant que le problème, c'est l'œuf, et la solution, c'est la meurette ! En Bourgogne, on choisit généralement des vins rouges ronds, ni trop alcooleux ni trop délicats. Un arbois rouge me paraît une idée peut-être moins classique, mais tout aussi intéressante. C'est au cours d'un voyage professionnel dans le Jura (j'étais allé présider la « Percée du vin jaune » que j'ai goûté ensemble des œufs en meurette et un arbois rouge, chez le restaurateur Jean-Paul Jeunet. J'ai été vite convaincu par cette alliance à la fois simple et raffinée : ce rouge du Jura est en effet doté d'une forte personnalité – c'est nécessaire pour résister à l'œuf –, avec des arômes de fruits rouges et d'épices teintés de notes de cuir, et une bouche fraîche fort bienvenue. Avec cette entrée, il faut le garder un peu frais (autour de 16 °C) pour que sa minéralité typiquement jurassienne s'exprime convenablement. Il suffit alors de préparer la meurette avec un arbois : la concentration de la sauce trouve un écho dans les parfums un peu sauvages et kirschés du vin, et l'association des saveurs s'établit sans heurt.

Avec des œufs en meurette
Côtes du jura rouge
Savigny-lès-beaune rouge
Monthélie rouge
Auxey-duresses rouge
Bourgogne hautes-côtes de nuits rouge
Irancy

Avec un arbois rouge
Terrines de volaille ou de gibier
Viande séchée, type viande des Grisons
Mesclun de salades aux magrets fumés et croûtons à l'ail
Pintade au chou
Pot-au-feu
Lapin chasseur aux champignons de Paris
Morbier du Jura
Crème brûlée aux épices (vanille, cannelle, quatre-épices)

La sélection du sommelier
Domaine de la Pinte
Domaine Overnoy
Domaine Rolet Père et Fils
Domaine André et Mireille Tissot

VIN DE SAVOIE CHIGNIN BERGERON

escargots aux herbes et à l'ail

AOC
vin de savoie chignin bergeron
RÉGION
Savoie
VIN BLANC
SUPERFICIE
1 725 ha au total pour l'AOC vin de savoie
CÉPAGE
roussanne, appelé localement bergeron

On reproche souvent à l'escargot de manquer de goût et de n'avoir d'intérêt que grâce aux aromates qui l'accompagnent. Il faut se garder toutefois de noyer l'escargot sous une préparation trop forte en ail, mais l'associer à un vin dont la minéralité saura révéler sa saveur cachée.

L'escargot vaut, on le sait, par sa texture particulière, que certains qualifient d'élastique, et qui ne plaît pas à tout le monde. Il y a plusieurs façons de le préparer : en feuilleté, en sauce aux herbes ou, plus couramment, au beurre d'ail et persil. Une variante consiste à hacher du persil avec une pointe d'oseille, avant d'ajouter le beurre et l'ail. L'ail joue ici un rôle très important : il doit être suffisamment présent pour éveiller les papilles, mais assez discret pour ne pas anesthésier la bouche. C'est à cette condition que l'on pourra profiter aussi des saveurs combinées des herbes, de l'escargot et... du vin.
L'erreur consisterait ici à accompagner cette entrée d'un vin trop plat, trop âgé, trop riche en alcool ou trop chaud. Il faut au contraire rechercher une alliance avec un vin un peu frais et encore marqué par le fruit. J'étais tout jeune élève à l'École hôtelière de Grenoble lorsque j'ai travaillé sur le thème des vins de Savoie. Avec le chignin bergeron – un blanc de Savoie de belle réputation, doté d'une vraie texture, d'une belle longueur mais d'une densité raisonnable –, peu d'alliances s'étaient révélées très réussies. J'ai pu apprécier l'harmonie qui s'est tout de suite dégagée lorsque nous avons tenté un accord avec les escargots : le vin était encore jeune, avec des notes de fruits du verger (poire et abricot), à peine acidulé, un peu pulpeux et minéral. Depuis, je suis resté assez fidèle à cette complicité entre l'escargot et le chignin bergeron, à condition que le vin ne soit pas boisé et qu'il soit servi à 8 ° ou 9 °C. Il convient alors parfaitement : son goût fruité fait presque oublier l'ail de la préparation, sa minéralité met en relief l'escargot et, lorsqu'on termine sa bouchée, on éprouve une délicieuse sensation de fraîcheur.

Avec des escargots aux herbes et à l'ail
Vins blancs :
Mâcon-villages
Vins rouges :
Alsace pinot noit
Menetou-salon
Irancy
Bourgogne épineuil
Fiefs vendéens

Avec un vin de savoie chignin bergeron
Charcuterie savoyarde,
jambon ou saucisson de montagne
Raclette et tartiflette savoyardes
Tomme de Savoie
Reblochon

La sélection du sommelier
Domaine André et Michel Quénard
Domaine Raymond Quénard
Domaine Louis Magnin

CHÂTEAU-CHALON
tourte au comté et aux noix

AOC
château-chalon
RÉGION
Jura
VIN BLANC
(vin jaune)
SUPERFICIE
45 ha
CÉPAGE
savagnin

L'art consiste à trouver le juste équilibre entre les arômes très puissants du fromage chaud, la pointe d'amertume des noix et la richesse d'un feuilletage au beurre. Le vin doit résister à l'intensité de ce plat en apparence tout simple.

Avant même l'arrivée sur la table, une tourte au fromage chaud emplit l'atmosphère de ses effluves où se mêlent la viennoiserie de la pâte feuilletée et le comté fondu qui y est dissimulé. D'abord mystérieuse, puisqu'elle ne laisse rien paraître de l'extérieur, la tourte livre peu à peu ses secrets : le premier contact s'établit par l'intermédiaire d'un feuilleté croustillant, presque lustré, avant qu'on ne découvre le moelleux d'une préparation qui par sa texture évoque une béchamel épaissie par le comté et rompue, çà et là, par les éclats de noix.
L'extrême variété des sensations qu'on éprouve devant ce mets envoûtant monte encore d'un degré lors de la rencontre avec le vin. Pour concilier tous les éléments, il importe de rechercher non seulement une complicité des saveurs, mais aussi un accord en volume. La première bouchée de tourte donne l'impression de prendre toute la place et seul un vin d'une ampleur et d'une persistance exceptionnelles trouvera moyen de se glisser harmonieusement dans l'espace disponible.
Dans cet esprit, seuls les vins jaunes du Jura, et le château-chalon tout particulièrement, me semblent en mesure de relever le défi. J'ai découvert les vins jaunes alors que je commençais tout juste dans le métier de sommelier et, je l'avoue, je les ai trouvés déroutants. Ces vins, élaborés à partir de savagnin, sont vieillis six ans et trois mois en fût, sans être jamais « ouillés », c'est-à-dire remués, pendant cette période. À la surface, se développe donc une flore microbienne qui laisse passer une partie de l'oxygène de l'air et transmet un goût très particulier au vin. Il faut du temps pour apprécier les vins jaunes. D'abord parce que l'amateur doit apprendre à les connaître. Ensuite, parce que ce sont des vins que l'on attend une dizaine d'années. Enfin, parce qu'ils occupent toute la soirée : on les hume longuement, on les goûte à petites gorgées, et on termine son verre en discutant après le repas.
Le château-chalon fait figure de seigneur parmi les vins jaunes. Dense et délicat, puissant et parfumé, il offre ses flaveurs de noix – qui s'accordent si bien à la tourte –, de curry et d'agrumes, de miel et de pétale de rose séchée, mais garde malgré le temps un côté très franc, incisif, presque austère. Il possède la complexité, l'ampleur et la présence. Un peu capiteux, il va équilibrer la puissance du comté chaud dans un accord quasi parfait. Et si l'on veut faire de cette entrée un plat principal, il suffit d'ajouter à la tourte quelques dés de jambon fumé qui rappelleront avec élégance les notes d'épices fumées que le vin acquiert au cours de ses années de fût.

Avec une tourte au comté et aux noix
Arbois (jaune)
L'étoile (jaune)
Côtes du jura (jaune)
Gaillac vin de voile
Xérès fino (Espagne)

Avec un château-chalon
Gaspacho andalou
Petites langoustines rôties au curry sur lit d'épinard, tuile au sésame
Poularde de Bresse au vin jaune
Sauté de veau au curry
Curry de viande aux fruits (amandes effilées, ananas) et riz

La sélection du sommelier
Domaine Jean-Marie Courbet
Domaine Jean Macle
Domaine Jacques et Barbara Durand-Perron

L'ÉTOILE BLANC
soufflé au beaufort

AOC
l'étoile
RÉGION
Jura
VIN BLANC
l'AOC produit aussi des vins jaunes
SUPERFICIE
79 ha au total
CÉPAGES
savagnin, chardonnay

Puissamment aromatique, le soufflé au beaufort doit être servi très chaud, au risque de provoquer avec un vin trop frais un violent contraste de température.

Sur la table, le soufflé se fait attendre. Faute de pouvoir maîtriser l'instant précis de la sortie du four, on fait patienter les convives en servant un vin qui se réchauffe dans le verre. L'arrivée du soufflé est une fête pour les sens : l'odorat – le parfum puissant du plat embaume la pièce –, la vue – la croûte supérieure du soufflé offre ses teintes de noisette ou d'acajou –, le goût bien sûr – intense et aromatique –, le toucher enfin – on se brûle presque la langue tandis que la texture du soufflé, mousseuse et sensuelle, permet aux parfums de se diffuser dans le palais avec force.
Une telle explosion de sensations impose le choix d'un vin doté d'une forte personnalité. À quelques exceptions près, les rouges sont à proscrire, car la présence dans le soufflé de lait et d'œufs leur font courir le risque de paraître amers. Parmi les blancs, une appellation du Jura permet de créer une harmonie équilibrée. Appellation peu connue, l'étoile porte le signe distinctif de son cépage principal, le savagnin (qui est aussi celui des vins jaunes), et la marque de son terroir : il doit en effet et son nom et sa minéralité à ces étoiles de mer fossilisées présentes dans le sous-sol du vignoble. Avec sa couleur jaune or, ses arômes de noix verte et d'amande, son nez qui évoque le curry ou la noix de muscade, son ampleur et sa fraîcheur, l'étoile – surtout s'il a quatre ou cinq ans d'âge – a toutes ses chances auprès d'un soufflé : sa bonne persistance accompagnera jusqu'au bout les saveurs les plus riches, et sa fraîcheur valorisera la texture aérienne du plat. Servez-le autour de 14 °C : sa minéralité n'en souffrira pas et vous permettra de profiter de l'intensité du fromage chaud.

Avec un soufflé au beaufort
Côtes du jura
Arbois
Rully blanc (+ de 5 ans)
Mercurey blanc (+ de 5 ans)
Mâcon blanc (+ de 5 ans)
Viré-clessé (+ de 5 ans)
Hermitage blanc (10 ans)

Avec l'étoile
Zakouskis de crevettes un peu pimentés ou feuilletés au cumin à l'apéritif
Soufflé aux fruits de mer légèrement épicés, au safran ou au curry
Homard au safran
Poularde de Bresse à la crème, avec des morilles et des pâtes fraîches
Aligot de Laguiole
Comté, beaufort
Tarte aux noix caramélisée

La sélection du sommelier
Château de l'Étoile
Domaine Geneletti
Domaine de Montbourgeau

POMEROL
chausson de foie gras truffé

AOC
pomerol
RÉGION
Bordeaux
VIN ROUGE
SUPERFICIE
800 ha
CÉPAGES
majoritaires : merlot, cabernet-sauvignon
auxiliaires : cabernet franc, malbec

Ce plat, qui reste exceptionnel, constitue une délectation absolue, une véritable offrande aromatique dans laquelle le parfum de la truffe doit pouvoir l'emporter sur tous les autres.

La truffe est rare, et d'un prix fort élevé : rien de plus naturel que de l'accompagner avec un vin d'exception, d'un raffinement inouï. C'est Marc Meneau, l'un des plus grands chefs français, qui m'a fait découvrir ce mets extraordinaire : un chausson divinement feuilleté, d'une légèreté absolue, qui dissimule une truffe et juste assez de foie gras pour donner du moelleux à la préparation. Dès l'arrivée sur la table, le plat met le nez à la fête : l'air s'emplit des parfums du champignon et des senteurs épanouies du foie gras. On est presque rassasié avant d'y avoir goûté... Et bien que Marc Meneau soit établi en Bourgogne, près de Vézelay, il n'a pas hésité à me faire déguster avec ce chausson un vin de la région bordelaise, un pomerol déjà évolué, dans un mélange d'une totale réussite, puisque le vin exhalait lui aussi des arômes de truffe.

Truffe et pomerol forment un couple bien connu, et presque toujours très heureux. La délicatesse intense du champignon se trouve rappelée dans les effluves racés qu'acquiert le vin en vieillissant : l'accord, d'une logique absolue, évoque irrésistiblement la fête, l'élégance et la subtilité. Dans le chausson s'ajoutent encore l'onctuosité du foie gras et la texture aérienne du feuilletage. Ces différents éléments doivent être savamment dosés pour ne pas éclipser les senteurs d'humus, de sous-bois ou de tabac qu'exprime un grand pomerol. On aura donc tout intérêt à choisir un vin un peu épanoui, de dix ou quinze ans, que l'on carafera avant de le servir à 17 ° ou 18 °C : l'œil pourra ainsi se régaler lui aussi devant la jolie robe du vin, dont les reflets grenat commençant à brunir rappelleront les couleurs dorées du feuilleté.

Avec un chausson de foie gras à la truffe

Vin rouge :
Châteauneuf-du-pape
un peu évolué (10 ans)
Vins blancs légèrement moelleux :
Jurançon vendanges tardives
Petite Arvine (Valais suisse)

Avec un pomerol

Foie gras chaud poêlé
Truffes à la cendre
Pastilla au pigeon
Gibier à plume : faisan, palombe, bécasse au jus ou en tourte
Tournedos Rossini aux cèpes
Cantal entre-deux
Tarte au chocolat au lait, glace aux marrons

La sélection du sommelier

Clos du Clocher
Château Croix de Gay
Château La Conseillante
Château L'Église-Clinet
Château Lafleur
Château Le Bon Pasteur
Château Mazeyres
Château Petit-Village
Château Trotanoy
Vieux Château Certan

ALSACE RIESLING
plateau de fruits de mer

AOC
alsace riesling
RÉGION
Alsace
VIN BLANC SEC
l'AOC produit aussi des moelleux
SUPERFICIE
3 350 ha
CÉPAGE
riesling

L'intérêt d'un plateau de fruits de mer réside dans sa diversité qui fait naître de multiples sensations gustatives et tactiles. En si bonne compagnie, le vin a pour mission de respecter cette remarquable variété.

Un beau plateau de fruits de mer se doit d'offrir aux convives un véritable choix. Des huîtres, d'abord, et de différents genres : grasses ou non, plates ou creuses, fines de claires ou belons ; d'autres mollusques (moules crues, par exemple) ; des coquillages de toutes sortes (bigorneaux, bulots, praires, coques, etc.) ; de petits crustacés, enfin (crevettes et langoustines). Cette diversité des goûts et des textures, si elle ravit les amateurs de fruits de mer, rend plutôt délicat l'accord avec un vin. Le plat revendique la présence d'un vin franc, fruité, blanc et sec de préférence, à la minéralité affirmée, en évitant bien entendu les vins trop ronds, trop boisés ou trop âgés. Nombreuses sont les possibilités, mais la plupart d'entre elles conviennent à l'un des éléments du plat mieux qu'aux autres.

Pour ma part, je m'en tiens presque toujours, avec un plateau de fruits de mer, à un alsace riesling. Ce choix date de l'époque où, jeune sommelier, je travaillais à la Brasserie Lorraine, à Paris : on y servait quotidiennement des fruits de mer, et j'ai eu l'occasion d'essayer des harmonies avec bien des vins différents. Le riesling offre, lui, beaucoup d'avantages : issu d'un cépage noble, le vin a de l'élégance, de la race même, avec une indéniable personnalité. Il possède aussi une qualité rare : il se met au service du plat. On le sert frais, à 7 ° ou 8 °C, et plutôt jeune. Il aime alors l'acidité et la fraîcheur moelleuse d'une huître grasse autant que la minéralité d'une fine de claires, la fermeté de la chair d'un bulot autant que la délicatesse un peu molle d'une moule crue. À mon avis, l'alsace riesling est l'un des rares vins capables de rassembler, dans une harmonie parfaite, les saveurs variées des fruits de mer.

Avec un plateau de fruits de mer
Vins blancs :
Chablis
Muscadet
Sancerre
Entre-deux-mers
Coteaux du languedoc
Picpoul-de-pinet
Chenin de Paarl (Afrique du Sud)
Vins rouges :
Saint-nicolas-de-bourgueil
Alsace pinot noir (jeune)

Avec un alsace riesling
Huîtres crues
Boudin blanc pommes en l'air
Charcuterie alsacienne, saucisson chaud
Choucroute alsacienne
Avec un alsace grand cru riesling
Homard en sauce à la crème
Poissons (bar, turbot, saint-pierre) au beurre citronné

La sélection du sommelier
Domaine Ostertag
Domaine Schueller
Maison Léon Beyer

MUSCADET DE SÈVRE-ET-MAINE

mouclade

AOC
muscadet
RÉGION
Loire
VIN BLANC
SUPERFICIE
13 000 ha pour l'ensemble des AOC muscadet (sèvre-et-maine, coteaux de la loire, côtes de grand-lieu)
CÉPAGE
melon blanc, localement nommé muscadet

Voici une variation autour d'un thème cher à l'Ouest de la France : la préparation des moules. Dans la mouclade à la nantaise entrent quantité d'ingrédients, qui doivent pourtant se faire discrets pour ne pas estomper le goût fortement iodé des mollusques. C'est cette saveur marine que le vin aussi devra respecter.

Il y a mille façons délicieuses de préparer les moules. La mouclade en est une qui constitue un vrai régal pour les yeux : dans cette fantaisie haute en couleurs se côtoient le jaune orangé de la chair, le noir irisé des coquilles et le ton pâle d'une sauce à la crème que vient rompre çà et là le vert d'un bouquet de persil. Mais attention : la sauce – qui combine harmonieusement ail et persil, beurre et sel de céleri, curry, crème fraîche et vin blanc – ne doit surtout pas noyer les moules. Il faut au contraire la confectionner dans l'esprit d'un nappage un peu dense qui saura respecter la saveur marine du plat. C'est ce goût nettement marqué par l'iode qui va orienter le choix d'un vin blanc très sec et pas trop capiteux. Le muscadet, qu'on a coutume de boire jeune et très frais, convient parfaitement. Non seulement il permet de réaliser avec la mouclade un accord de terroir d'une logique absolue, mais il accentue la saveur iodée du plat : une saveur dont lui-même n'est pas exempt, puisque certaines vignes de l'appellation sont touchées par les embruns de l'Atlantique.

La zone de l'AOC muscadet est trop vaste pour que tous les vins y atteignent un niveau d'excellence. Mais grâce aux efforts de certains vignerons, le muscadet mérite mieux que sa réputation et certains millésimes supportent bien de vieillir. J'en ai fait l'expérience tout jeune, en 1983, lorsque j'accomplissais mes obligations militaires dans la région. Mon père m'avait rendu visite et m'avait emmené déjeuner à la Villa Mon Rêve, à Nantes. Le propriétaire possédait une jolie collection de vieux millésimes, et je me souviens avec émotion du muscadet 1961 qui nous a été ce jour-là servi sur un homard breton à la nage.

Avec une mouclade
Pouilly-sur-loire
Vin de savoie ripaille
Bordeaux sec
Fiefs vendéens blanc

Avec un muscadet
De 2 à 3 ans :
Apéritif
Crevettes décortiquées
Huîtres crues
De 5 à 6 ans (ou + dans les grands millésimes) :
Sandre ou brochet au beurre blanc

La sélection du sommelier
Château de la Preuille
Château La Ragotière
Domaine de l'Écu
Domaine de la Louveterie
Domaine Luneau Papin

CÔTES DE PROVENCE ROSÉ
oursinade

AOC
côtes de provence
RÉGION
Provence
VIN ROSÉ
l'AOC produit aussi 15 % de rouges et 5 % de blancs
SUPERFICIE
15 350 ha sur un total de 19 200 ha
CÉPAGES
majoritaires : grenache, cinsault, syrah, mourvèdre
auxiliaires : tibouren, carignan, cabernet-sauvignon

Tous les Provençaux sont attachés à la tradition de l'oursinade, qui n'est rien d'autre que la dégustation des oursins en mer : on part en bateau pour la journée dans les calanques de Marseille, Cassis ou Carry, et l'on ramasse des oursins que l'on savoure tout frais pêchés...

L'oursin est un mets rare et délicat. Peu de personnes ont l'occasion, aujourd'hui, de le pêcher elles-mêmes et l'oursin, qui voyage mal, n'apparaît presque plus sur les marchés français en dehors des lieux de production. Mais pour qui a la chance de pouvoir s'en procurer, quelle fête ! Pour moi qui suis d'origine provençale, le corail d'oursin est un régal de tous les sens. J'aime sa couleur orangée, plus ou moins vive, j'aime la texture des tout petits grains et leur saveur fine et iodée...

Mais je n'apprécie guère les vins blancs avec les oursins : je leur reproche de dissocier les grains du corail dans la bouche, alors que le plat appelle un lien qu'un vin rosé un peu généreux réalisera facilement. La Provence est justement la patrie des rosés, et on y connaît depuis longtemps la tradition de leur élaboration. Les différents styles se déclinent en nombreuses appellations : bandol, palette, coteaux varois ou côtes de provence... Tous sont des vins évocateurs de l'été et des plats du Midi.

Mon préféré, avec une oursinade, reste le côtes de provence un peu tendre (cinsault et syrah constituent ses cépages de base). Malgré son côté parfois chaleureux, il demeure aérien, fruité et acidulé. Sa minéralité et ses notes de fleurs printanières vont taquiner judicieusement la saveur marine de l'oursin. Le vin doit être choisi jeune et bien sûr servi frais : sur le bateau, le jour de l'oursinade, on sort la bouteille de la glacière, et l'on se désaltère d'abord avec les yeux grâce aux gouttelettes de fraîcheur qui font sur le verre une buée bienfaisante ! Sans parler de la belle teinte du vin qui s'accorde si bien aux tons chauds du corail... Oursinade et côtes de provence rosé, ce n'est plus une complicité, c'est toute une ambiance !

Avec des oursins
Coteaux du languedoc rosé
Beaujolais rosé
Marsannay rosé
Sancerre et rosés de Loire à base de pinot
Pénédès rosé (Espagne)

Avec un côtes de provence rosé
Terrines de poisson ou de volaille avec des légumes provençaux
Salade de poulpe à l'huile d'olive et au vinaigre balsamique
Salade de riz aux fruits de mer
Salade de poivrons grillés
Caviar d'aubergines
Poissons de roche (rougets, daurade) grillés
Banon nature et pain grillé

La sélection du sommelier
Château Barbeyrolles
Château des Garcinières
Château les Valentines
Château Sainte-Roseline
Domaine de Saint-Ser
Mas de Cadenet

PALETTE BLANC

homard rôti aux épices douces

AOC
palette
RÉGION
Provence
VIN BLANC
l'AOC produit également 25 % de rouges et 15 % de rosés
SUPERFICIE
14 ha en blanc sur un total de 36 ha
CÉPAGES
majoritaire : clairette
auxiliaires : ugni blanc, grenache blanc, muscat blanc, terret-bourret, piquepoul, aragnan, pascal, colembard

Voici un mets réputé pour sa finesse et dont la préparation exige du savoir-faire et de la patience. Il faudra surtout prêter grande attention à la cuisson rôtie des tronçons de crustacé : elle permettra de concentrer les sucs dans la sauce. Et devra être mise en valeur par un vin racé.

Homards et langoustes forment sans conteste l'élite des crustacés. On les réserve d'ordinaire aux repas de fête, en hiver de préférence, en se donnant le temps nécessaire à une préparation délicate. Pour cette recette, je recommande de couper les médaillons de queue de homard à cru, avant de les poêler à l'huile d'olive. Les carcasses, elles, devront être cuites auparavant, écrasées dans une poêle : le jus récolté sera tamisé et réservé pour la sauce. La poêle des médaillons doit, elle, être déglacée avec du vin – de préférence le palette qu'on s'apprête à servir à table – et la sauce doit être légèrement relevée avec du paprika et du quatre-épices avant d'être liée avec une pointe de crème. Ainsi préparé, le homard garde toutes ses qualités : la chair reste ferme (je redoute souvent les effets d'une cuisson au court-bouillon, qui a tendance à l'amollir), les saveurs sont respectées et juste rehaussées par la sauce.

Ce plat très raffiné recherche la complicité d'un grand vin blanc. Les bourgognes viennent tout de suite à l'esprit, et conviennent bien sûr parfaitement. Le palette constitue un choix plus original : ce vin unique, que j'aime particulièrement (il est lié à quantité de souvenirs personnels !), est un concentré de personnalité méditerranéenne et de rigueur d'élaboration. Il tient ses caractéristiques de son terroir exceptionnel, près d'Aix-en-Provence, de l'exposition au nord de ses coteaux qui garantit sa fraîcheur, de la minéralité du calcaire de Langesse et de son cépage, la clairette, dont il est certainement la meilleure expression. Vin rare, à cause de la taille de l'AOC, le palette blanc doit être servi, avec un homard, autour de 12 °C, afin qu'il puisse s'exprimer sans être durci par une température trop basse. Sa texture et sa puissance, sa race et sa densité, sa longue vinification en bois et ses notes confites font de lui le complice idéal de la chair de homard relevée d'un jus très concentré.

Avec un homard rôti

Vins blancs :
Châteauneuf-du-pape
Hermitage
Rully
Puligny-montrachet
Arbois
Pessac-léognan
Alsace tokay-pinot gris
Chardonnay du Frioul (Italie)
Rueda (Espagne)
Chardonnay de la vallée de la Maule (Chili) ou de Marlborough (Nouvelle-Zélande)

Vins rouges :
Les rouges sont à déconseiller, sauf si le plat a été déglacé avec un vin doux naturel (banyuls ou maury)
Côtes du roussillon
Coteaux du languedoc

Avec un palette blanc

Salade de flétan ou de truite fumés
Bouillabaisse et bourride
Médaillons de veau à la crème de paprika
Poulet aux gousses d'ail

La sélection du sommelier

Château Crémade
Château Simone

PALETTE
APPELLATION PALETTE CONTRÔLÉE
OF FRANCE

CORTON-CHARLEMAGNE

écrevisses à la nage

AOC
corton-charlemagne
RÉGION
Bourgogne
VIN BLANC
SUPERFICIE
50 ha
CÉPAGE
chardonnay

Les écrevisses se font rares de nos jours. C'est dommage, car la finesse de leur chair leur donne un caractère unique, qu'il vaut mieux mettre en valeur avec une recette pas trop compliquée et qui s'épanouit avec un grand vin blanc.

La nage d'écrevisses n'est pas bien difficile à préparer : quelques légumes coupés en dés (carottes, petits oignons), des herbes et des aromates (thym, laurier, persil, ail, échalote), un peu de vin blanc et d'eau, et juste quelques zestes d'agrumes (citron et pamplemousse) pour relever le court-bouillon qu'on laisse réduire longuement avant d'y plonger les écrevisses. Seule la cuisson de ces crustacés d'eau douce se révèle délicate, car il faut garder à la chair toute sa souplesse et son moelleux. On doit aussi conserver les écrevisses entières : elles sont ainsi plus savoureuses, même si elles obligent à mettre les doigts dans l'assiette !

Le vrai problème d'une alliance avec un vin tient justement à la présentation du plat, car comment attraper le verre avec des doigts salis de sauce ? Un ordre devra donc être instauré : un peu de vin, quelques écrevisses et une pause, afin de regoûter le vin avant la fin de l'assiette ! Si la méthode paraît un peu fruste, l'alliance de la nage d'écrevisses et du corton-charlemagne forme, elle, un mariage d'exception dans le raffinement. Le plat appelle en effet à ses côtés un grand vin blanc, généreux mais pas trop moelleux. Le corton-charlemagne, qui est sans hésitation l'un des seigneurs de la Côte de Beaune, répond bien à ces critères. En Bourgogne, c'est l'un des crus que je préfère, pour son extrême droiture et son équilibre dans le temps. Il possède à la fois l'ampleur et la sévérité, la fraîcheur et la longueur, une minéralité pointue et une palette aromatique immense. Mais il ne s'exprime vraiment qu'avec l'âge : goûté trop jeune, il semble presque étriqué. Avec la nage, il faudra choisir un vin d'au moins cinq ans, et le carafer pour l'oxygéner avant de le boire autour de 11 °C. Les écrevisses profiteront ainsi de ses touches de fruits exotiques, de sa densité et de la finesse de ses arômes un peu noisetés.

Avec des écrevisses à la nage
Chablis grand cru
Chassagne-montrachet
Pessac-léognan blanc
Alsace riesling grand cru
Champagne blanc de blancs brut millésimé
Chardonnay de Hawke's Bay
(Nouvelle-Zélande)
(de 5 ans d'âge)

Avec un corton-charlemagne
De 5 à 10 ans :
Homard ou langouste à la nage, chauds ou froids
Turbot ou saint-pierre rôtis au four, sauce aux agrumes et riz blanc
Sole meunière
De 10 à 15 ans :
Poulet de Bresse rôti et poêlée de champignons
Piccata de veau en sauce à la crème et aux épices douces
Soumaintrain demi-évolué, servi avec des oreillons d'abricots

La sélection du sommelier
Domaine Bonneau du Martray
Domaine Chevalier
Domaine du Pavillon
Domaine Michel Juillot

CHAMPAGNE BLANC BRUT
coquilles Saint-Jacques au beurre blanc

AOC
champagne
RÉGION
Champagne
VIN BLANC SEC EFFERVESCENT
l'AOC produit aussi des blancs moelleux et des rosés, tous effervescents
SUPERFICIE
31 000 ha
CÉPAGES
chardonnay (seul cépage employé dans le champagne blanc de blancs) pinot noir, pinot meunier

J'aime le raffinement du champagne avec ce genre de mets, lorsque la bulle fine s'entrechoque avec la texture dense de la coquille Saint-Jacques juste saisie et que la douceur de la sauce vient contrebalancer l'acidité carbonique du vin effervescent.

J'ai tendance, par goût, à préférer le champagne à l'apéritif. Mais mon métier m'a donné maintes occasions d'organiser des repas autour du champagne, qui sait faire bon ménage avec nombre de mets. Je ne supporte pas, en revanche, de voir un délicieux champagne sacrifié en fin de repas, servi sur un dessert qui lui convient mal : si on aime le champagne après le repas, il faut surtout le servir décalé, assez longtemps après le café pour qu'on puisse vraiment profiter de sa délicatesse.

Avec des coquilles Saint-Jacques au beurre blanc, un champagne brut permet de réaliser naturellement une alliance raffinée à tous les niveaux. Complicité de textures, d'abord, entre la chair du coquillage (croustillante à l'extérieur, moelleuse à l'intérieur) et l'effervescence aérienne du vin ; complicité de saveurs, bien sûr, entre le parfum iodé, typiquement maritime, de la coquille Saint-Jacques, et les notes minérales, marquées par le terroir calcaire, du champagne. Avec une entrée comme celle-ci, on peut servir le même vin qu'à l'apéritif, s'il s'agit d'un champagne blanc de blancs (c'est-à-dire issu du seul cépage chardonnay). Rafraîchi à 8 °C, le champagne est goûté avant le repas, puis se réchauffe un peu dans les verres jusqu'à l'arrivée de l'entrée, qui doit être confectionnée au dernier moment. Et pour maîtriser parfaitement la température du vin, il vaut mieux éviter le classique seau de glace, qui a tendance à trop refroidir, et lui préférer un seau d'eau fraîche dans laquelle on a plongé quelques glaçons. Une fois dans le verre, le champagne atteint peu à peu 11 °C et se trouve prêt à accompagner les Saint-Jacques. Il joue alors sur le velours de sa texture et permet toutes sortes d'alliances : j'ai récemment goûté un champagne millésimé de dix ans sur un feuilleté au saucisson chaud à la pistache. Un accord un peu inattendu, il est vrai, mais parfaitement réussi.

Avec des Saint-Jacques au beurre blanc
Vins effervescents :
Crémants de loire, d'alsace, de bourgogne ou de limoux
Vins tranquilles :
Savennières sec
Vouvray sec
Alsace pinot blanc
Mosel-Saar-Ruwer (Allemagne)

Avec un champagne
Un champagne blanc de noirs millésimé convient généralement mieux qu'un blanc de blancs si on désire faire tout un repas au champagne.
Écrevisses ou homard à la nage
Croustillant de bar et rouget au foie gras, coulis de tomate
Filets de sole ou de turbot en sauce au champagne
Poulet de Bresse en sauce à la crème
Filets de colvert marinés au champagne
Langres, crottin de chèvre demi-sec, chaource (éviter les chèvres cendrés)

La sélection du sommelier
Veuve Clicquot-Ponsardin,
Duval-Leroy, Gratien,
Jacquesson, Lanson,
Laurent-Perrier,
Moët et Chandon,
Pol Roger, Pommery,
Roederer, Ruinart,
Salon, Selosse

COTEAUX DU LANGUEDOC BLANC

brandade de morue tiède

AOC
coteaux du languedoc
RÉGION
Languedoc
VIN BLANC
l'AOC produit aussi 75 % de rouges et 13 % de rosés
SUPERFICIE
1 200 ha en blanc sur un total de 10 000 ha
CÉPAGES
clairette, grenache blanc, bourboulenc, piquepoul, marsanne, roussanne

La brandade de morue fleure bon le Midi. Ce grand classique d'origine latine, onctueux et généralement relevé d'ail, sait se faire le complice de vins amples et généreux.

De la Provence au Languedoc, on aime servir la brandade, qui est toujours réalisée avec de la morue dessalée, pochée et pilée avec de l'huile d'olive jusqu'à ce qu'elle soit réduite en pâte. Selon les recettes et la région d'origine, l'ail y est ajouté en plus ou moins grande quantité, et le plat se sert froid ou tiède. Personnellement, je le préfère tiède, à l'apéritif, servi sur des toasts. Je l'ai découvert sous cette forme chez un vigneron languedocien, qui l'avait naturellement accompagnée de son coteaux du languedoc blanc, et j'ai été séduit par cette alliance pleine de personnalité.
Souvent un peu salée, moelleuse au palais malgré sa texture filandreuse, la brandade appelle auprès d'elle la présence d'un vin blanc onctueux, pulpeux presque, mais pas trop boisé, surtout si le mets comporte peu d'ail. Dans cet esprit, on peut se tourner vers un coteaux du languedoc blanc assez jeune (deux ans), qui chez les bons vignerons offre une texture capable de résister à celle de la brandade. La densité et l'alcool du vin sont alors associés à des parfums de fruits à chair blanche (pêche et poire) et aux notes anisées du cépage grenache. Le vrai problème, avec un mariage de ce type, est de savoir de quelle brandade et de quel vin on parle. Le nom de l'appellation cache en effet une extrême disparité entre les produits. Si la brandade est dominée par le parfum de l'ail, comme c'est parfois le cas en Provence, il vaudra mieux choisir un coteaux du languedoc un peu plus boisé, ou même un vin provençal à la personnalité affirmée, comme le palette blanc. Et si la brandade est servie froide, on s'orientera plutôt vers d'autres vins de la région qui jouent davantage sur la pointe minérale, comme un picpoul-de-pinet. En définitive, rien n'est simple avec la brandade... Reste à chacun de réaliser le plat tel qu'il l'aime, et de choisir le vin en conséquence.

Avec une brandade de morue
Vins blancs :
Bandol
Châteauneuf-du-pape
Patrimonio
Nuragus de Cagliari (Sardaigne, Italie)
Cinque Terre (Ligurie, Italie)
Vins rouges :
Vin de pays d'oc merlot
Oltrepo Pavese (Italie)
Merlot du Tessin (Suisse)

Avec un coteaux du languedoc blanc
Sardines grillées ou en escabèche
Calamars frits
Soupions farcis
Assiette de saucisson des Cévennes et olives vertes
Pavé de cabillaud sauce blanche
Maquereaux au vin blanc, aux cornichons et à la coriandre
Poivrons farcis à la brandade
Gratin de chou-fleur
Salade de chèvre frais du Larzac

La sélection du sommelier
Château l'Hospitalet
Château Puech-Haut
Domaine Les Aurelles
Domaine Saint-Jean de Bebian

TURSAN BLANC
pibale

AOVDQS
tursan
RÉGION
Sud-Ouest
VIN BLANC
l'AOC produit aussi des rouges et des rosés
SUPERFICIE
160 ha en blanc sur un total de 460 ha
CÉPAGES
majoritaire : baroque
auxiliaires : sauvignon, gros manseng

La pibale est un plat en voie de disparition. Pourtant, quel délice que ces petits alevins d'anguilles juste frits avec un peu de piment d'Espelette ! Le vin qui l'accompagne devra respecter la délicatesse des poissons et tenir tête au piment.

La pibale appartient au Sud-Ouest de la France. Mets traditionnel du Béarn, elle est aujourd'hui rarissime et fort chère. La recette en est pourtant simple : on fait frire rapidement dans l'huile de toutes jeunes anguilles que l'on sert très chaudes. Ajouter alors le piment déjà réduit en poudre, afin de ne rien gâcher du goût délicat des alevins.

Dans sa région d'origine, on sert parfois la pibale avec un fino de xérès très sec, qui développe des arômes de noix. C'est un excellent mariage, mais j'aime tout autant l'alliance, plus régionale, avec le tursan blanc injustement méconnu. Le tursan, béarnais lui aussi, est issu en partie d'un cépage original, le baroque. C'est le restaurateur Michel Guérard, lui-même producteur, qui m'a rendu familier de ce vin. Quant à l'alliance avec la pibale, je l'ai découverte à l'Hôtel du Palais, à Biarritz. Le tursan a su me convaincre : il réalise avec la pibale un accord de terroir et de complémentarité fondé sur la subtilité et la puissance. Le plat réclame un vin respectueux de la délicatesse des poissons, mais capable de faire front au piment… et le caractère bien marqué du tursan lui convient parfaitement.

Il existe plusieurs types de tursan, selon les producteurs. Avec ce plat assez contrasté, j'aime une cuvée un peu boisée qui accentue encore le relief en jouant sur des arômes légèrement oxydatifs, beaucoup de fraîcheur et une palette aromatique très vaste où l'on découvre des notes de poires, de pommes et d'agrumes. Il y a de la fantaisie dans ce vin qui sait aussi, et c'est là son atout majeur, prendre auprès de la pibale une certaine noblesse.

Avec une pibale
Irouléguy blanc (de 4 ou 5 ans)
Xérès fino (Espagne)
Champagne millésimé (de 8 à 10 ans), légèrement boisé
Rueda blanc pas trop boisé de type « crianza » (Espagne)

Avec un tursan blanc
Tartare de poisson aux herbes et au citron, sur du pain grillé, en apéritif
Poissons de rivière juste déglacés au citron
Blanc de volaille poêlé aux navets confits
Tomme des Pyrénées
Rocamadour

La sélection du sommelier
Château de Bachen
Château de Perchade
Les Vignerons de Tursan

HERMITAGE BLANC
sandre à la badiane et aux pousses de bambou

AOC
hermitage
RÉGION
Vallée du Rhône
VIN BLANC
l'AOC produit aussi 80 % de rouges et quelques blancs vinifiés en vins de paille
SUPERFICIE`
25 ha en blancs sur un total de 125 ha
CÉPAGES
marsanne, roussanne

Voici un mets magnifiquement contrasté : chair onctueuse du poisson de rivière, parfum floral puissant de la badiane et texture à la fois croquante et veloutée des pousses de bambou. Le défi consiste à trouver une harmonie avec le vin qui joue de cette complexité.

Poisson blanc à la saveur délicate, le sandre court toujours le risque d'être trop cuit. Pour ne rien perdre de sa fermeté, il gagne à être mis au four à couvert. La sauce, elle, est préparée à part, avec du vin blanc et du fumet de poisson dans lesquels on laisse infuser la badiane. Mais l'infusion doit demeurer légère, afin que son goût nettement anisé ne recouvre pas tous les autres. Quant aux pousses de bambou, elles apportent au plat un supplément de croquant.

L'harmonie entre ce plat et un vin doit donc être recherchée à plusieurs niveaux : alliance de textures, complexité aromatique et fraîcheur indispensable. C'est à Tain-l'Hermitage, où je m'étais rendu il y a quelques années pour présider un concours de sommellerie, que j'ai goûté un hermitage blanc avec un sandre à la badiane. J'aime les vins de la vallée du Rhône ; l'hermitage en fait bien sûr partie, avec sa complexité et son sens des contrastes. Il a la générosité que lui donnent le soleil et le cépage roussanne, mais aussi la fraîcheur du cépage marsanne et la sévérité des vins du Nord. J'aime sa rondeur caressante et son ossature précise, j'aime sa pointe d'acidité et ses tannins épanouis. J'aime la minéralité de son terroir et sa palette aromatique où dominent des notes de miel, de cire d'abeille et d'acacia qui en font le complice parfait des saveurs anisées et réglissées. Avec ce plat, il ne faut pas hésiter à choisir un hermitage d'une dizaine d'années, que l'on carafe pour le laisser exprimer son ampleur, et que l'on sert à 11 ° ou 12 °C. Il réalise alors avec le sandre à la badiane une association d'une élégance rare, faite de caresse et de droiture, de minéralité et de rondeur, de suavité et de précision.

Avec un sandre à la badiane
Châteauneuf-du-pape blanc
Pessac-léognan blanc (de 7 à 10 ans)

Avec un hermitage blanc
Terrine de volaille
aux noisettes, amandes ou pistaches
Terrine de crabe
Médaillon de homard bellevue, mayonnaise
Homard rôti au safran
Langouste à l'américaine
Quenelles de sandre ou de brochet
sauce blanche ou sauce Nantua
Blancs de dinde au foie gras,
gratin dauphinois
Escalopes de veau
à la crème et champignons
Blanquette de veau à l'ancienne et riz blanc
Gratin de salsifis truffé
Saint-marcellin, picodon

Avec un hermitage vin de paille
Bombe glacée à la badiane

La sélection du sommelier
Cave de Tain
Domaine Ferraton
Domaine Marc Sorrel
Domaine Jean-Louis Chave
Maison Paul Jaboulet aîné

MÂCON BLANC
truite aux amandes

AOC
mâcon
RÉGION
Bourgogne
VIN BLANC
l'AOC produit également 75 % de rouges
SUPERFICIE
800 ha en blancs sur un total de 3 300 ha
CÉPAGE
chardonnay

L'amateur de vin soucieux d'harmonie doit se méfier de cette truite aux amandes, pourtant bien classique, mais qui rassemble dans une même assiette un poisson à la texture délicate, une sauce gorgée de beurre et des fruits secs torréfiés.

La truite aux amandes évoque toujours pour moi le restaurant que ma grand-mère tenait à Briançon : elle y préparait ce plat avec des truites de montagne fraîchement pêchées. Mais la vivacité du souvenir n'ôte rien au caractère un peu désuet de ce mets, que l'on continue heureusement à servir dans certains restaurants traditionnels. Ce grand classique ne parvient pas facilement à s'harmoniser avec le vin : il faut savoir tenir compte de la chair de la truite, qui se détache par strates, de la sauce souvent riche et de la garniture d'amandes grillées dans le beurre, qui nécessitent un vin rond, généreux et persistant. Cependant le plat reste plutôt simple, et il faut s'orienter vers des vins offrant un bon rapport qualité-prix... Le mâcon, une appellation bourguignonne en pleine ascension, est justement de ceux-là. Élaboré à partir de chardonnay, comme la plupart des blancs de Bourgogne, le mâcon arbore des styles très différents selon le secteur de production. Pour ma part, j'aime beaucoup ceux de la zone de Viré et Clessé, qui allient minéralité et générosité, et évoluent vers des notes torréfiées évoquant la viennoiserie et les fruits secs. Ce sont ceux-là justement qui réussiront le mieux le mariage avec notre truite, dans un bel accord de complémentarité. Un mâcon de trois ans servi à 8 ° ou 9 °C aura un côté rafraîchissant particulièrement bienvenu pour équilibrer la richesse du plat. En même temps, il offrira sa rondeur simple et franche, un peu stricte même, qui saura respecter la douceur délicate de la chair du poisson.

Avec une truite aux amandes
Alsace pinot gris
Beaujolais blanc
Saint-joseph blanc
Côtes du jura blanc
Chinon blanc
Chardonnay du Frioul (Italie)
Chardonnay de la vallée de Maipo (Chili)

Avec un mâcon blanc
Charcuteries, en apéritif
Boudin blanc
Cervelle de canut (spécialité lyonnaise de fromage blanc aux herbes, servie sur des toasts)
Dos de cabillaud au gros sel
Pot-au-feu de la mer
Saucisson de Lyon en brioche
Andouillette sauce moutarde
Chèvres du Mâconnais
Chavignol demi-sec
Boutons de culotte

La sélection du sommelier
Domaine Bonhomme
Domaine Guffens-Heynen
Domaine Valette
Domaine Les Hauts d'Azenay
Domaine Thévenet

QUINCY
saumon à l'oseille

AOC
quincy
RÉGION
Loire
VIN BLANC
SUPERFICIE
180 ha
CÉPAGE
sauvignon

Naguère mis à l'honneur par la famille Troisgros, le saumon à l'oseille est devenu, en quelques décennies, une recette traditionnelle dans laquelle cohabitent l'acidité de l'oseille – tempérée par un peu de crème – et la chair fondante du poisson.

Les yeux sont comblés devant un saumon à l'oseille : tout juste cuit – à l'unilatérale, selon la recette de Pierre Troisgros –, le saumon garde sa belle couleur rose, que vient rompre le nappage d'une sauce à la crème où domine le vert de l'oseille. À cet aspect contrasté répondent des saveurs elles aussi complémentaires. La chair du saumon, toujours un peu grasse, se trouve confrontée à l'âcreté végétale du légume, que la présence de la crème dans la sauce ne doit pas complètement effacer. Cette acidité marquée de l'oseille va déterminer le choix du vin, appelant un blanc vif et franc, aromatique et plutôt rond. Les vins issus de chardonnay sont à proscrire ici : ce cépage très fin serait heurté par l'oseille, et le contraste se révélerait trop violent pour être agréable. C'est un vin de Loire élaboré à partir de sauvignon, le quincy, qui me semble le meilleur complice d'un saumon à l'oseille. Produit à la limite de la Sologne sur des sols siliceux, ce vin a une personnalité assez unique dans le monde des sauvignons : rond, généreux, franc et simple d'accès, il est toujours expressif mais ne s'impose jamais. Avec le saumon, que l'on pêchait autrefois dans la Loire, il forme un accord d'une logique totale. Sa fraîcheur pointue, sa minéralité cristalline mais pas incisive en font de plus un compagnon parfait de l'oseille. J'ai découvert cette belle alliance chez un restaurateur de Sologne. J'ai eu souvent l'occasion de vérifier la limpidité de cet accord qui présente de plus l'avantage de mieux faire connaître une appellation discrète mais digne d'intérêt.

Avec un saumon à l'oseille
Menetou-salon
Reuilly
Touraine sauvignon
Graves blanc
Sainte-foy-bordeaux blanc
Premières côtes de blaye blanc

Avec un quincy
Terrine de lapin aux herbes (persil et estragon)
Mousse de poissons de rivière aux carottes émincées
Charcuteries : saucisson et jambon de pays, andouille pas trop fumée
Gigotin de cuisses de grenouilles panées à la persillade
Barbue à l'oseille
Bar ou daurade de Méditerranée grillés

La sélection du sommelier
Domaine Jacques Sallé
Domaine du Tremblay
Domaine Sorbe
Domaine Trotereau

CHÂTEAUNEUF-DU-PAPE BLANC
saint-pierre au laurier et aux courgettes

AOC
châteauneuf-du-pape
RÉGION
Vallée du Rhône
VIN BLANC
l'AOC produit également 95 % de rouges
SUPERFICIE
200 ha en blanc sur un total de 3 200 ha
CÉPAGES
majoritaires : roussanne, marsanne
auxiliaires : grenache blanc, clairette, piquepoul, picardan, bourboulenc

J'aime beaucoup cette recette qui mêle harmonieusement les saveurs de mer et de terre. Avec elle, le choix du vin demande de la subtilité. Il faut respecter la chair ferme et goûteuse du poisson et résister à la puissance des arômes du laurier.

Avec ses feuilles de laurier que l'on glisse sous la peau avant la cuisson, le saint-pierre évoque sans hésitation la Méditerranée. Il faut seulement prendre garde de ne pas faire disparaître la saveur délicate de la chair blanche du poisson sous les herbes aromatiques. À la cuisson, les feuilles infusent doucement et communiquent leur parfum, qu'on relève d'un trait d'huile d'olive et d'un peu de fleur de sel avant de servir. Quant aux courgettes, elles sont juste poêlées à l'huile d'olive avec un peu d'ail. Cependant, leur texture un peu molle est un défi pour la plupart des vins. Le plat, dans son ensemble, est puissamment savoureux : fermeté de la chair, présence de laurier, d'ail et d'huile d'olive réclament un accord de terroir avec un vin blanc généreux, capiteux même, intense et frais à la fois.

Le saint-pierre au laurier ne sera jamais pour moi un mets comme les autres. C'est l'un de ceux pour lesquels j'ai eu à proposer un vin lors du concours du Meilleur Sommelier du Monde, à Rio en 1992. Ce jour-là, l'idée du châteauneuf-du-pape blanc s'est imposée comme une évidence. L'appellation est bien sûr très célèbre pour ses grands vins rouges. Mais les blancs, plus confidentiels, conviennent bien aux cuisines méditerranéennes. J'aime le châteauneuf blanc vers l'âge de cinq ans : ses arômes évoquent alors les fleurs printanières et les fruits à chair blanche (poires, pêches) de la vallée du Rhône, teintés d'effluves légèrement anisés. Au palais, les vins sont chaleureux sans excès, avec une bonne ampleur et une attaque franche. Sur le saint-pierre, leur puissance fait merveille, et leur discret parfum de garrigue vient faire écho aux feuilles de laurier. Et en finale, leur fraîcheur assortie d'une pointe végétale marquée par l'amande fraîche paraît désaltérante.

Avec un saint-pierre au laurier
Palette blanc
Coteaux du languedoc blanc
Pessac-léognan blanc
Meursault
Puligny
Pénédès blanc (Espagne)
Chardonnay de Carneros (Californie, États-Unis)

Avec un châteauneuf-du-pape blanc
Terrine de poissons méditerranéens
Daurade ou pageot grillés
Bar au fenouil
Carpaccio de thon à l'huile d'olive et pointes d'asperges blanches
Picodon

La sélection du sommelier
Château Mont Redon
Clos du Mont Olivet
Domaine de Beaurenard
Domaine de Nalys
Domaine Marchand

PATRIMONIO BLANC
turbot grillé au fenouil

AOC
patrimonio
RÉGION
Corse
VIN BLANC
l'AOC produit également 50 % de rouges et 35 % de rosés
SUPERFICIE
60 ha en blanc sur un total de 400 ha
CÉPAGE
vermentino

Cuite au gril, la chair dense et fondante du turbot prend des arômes de fumé qui avivent le parfum fortement anisé du fenouil confit servi en garniture.

Poisson réputé noble, grâce à sa fermeté et sa saveur prononcée, le turbot mérite un peu d'attention lors de la cuisson, qui ne doit surtout pas être trop violente en réduisant à néant sa délicatesse. Accompagné de bulbes de fenouil réduits en pulpe confite, il gagne encore en élégance et évoque irrésistiblement les étés du Midi. J'aime beaucoup dans ce plat le contraste entre la chair encore presque croquante du poisson grillé et la douceur anisée du légume. La complicité avec un vin s'établit facilement, et l'accord doit être marqué au sceau de l'onctuosité caressante : il s'agit de créer un lien dans le respect des différentes saveurs. Dans une harmonie de ce type, le patrimonio blanc peut jouer les premiers rôles. Cette appellation vedette de l'île de Beauté donne des vins blancs généreux, produits sous le soleil corse, mais dont la trame minérale très équilibrée conserve la fraîcheur. C'est important, surtout en fin de bouche, quand le goût puissant du fenouil risque de recouvrir tous les autres. Après l'ampleur du premier moment, le patrimonio développe des notes fraîches de citronnelle qui se marient avec bonheur à la saveur du turbot : j'apprécie particulièrement cette alliance sans sophistication excessive, fondée sur des produits très naturels et sains.

Avec un turbot au fenouil
Châteauneuf-du-pape blanc
Coteaux du languedoc blanc
Coteaux varois blanc
Costières de nîmes blanc
Alsace riesling
Chinon blanc
Pénédès blanc (Espagne)
Corvo di Casteldaccia (Sicile, Italie)

Avec un patrimonio blanc
Terrine de brocciu corse
Huîtres froides en gelée au cresson
Bar au fenouil, sauce au pastis
Spaghettis aux fruits de mer
Roulades de jambon cru
à la tapenade et aux tomates confites
Fromages de chèvre ou de brebis frais

La sélection du sommelier
Domaine Arena
Domaine de Catarelli
Domaine Giudicelli
Domaine Leccia

MEURSAULT BLANC

croustillant de bar au foie gras en millefeuille de pommes de terre

AOC
meursault
RÉGION
Bourgogne
VIN BLANC
l'AOC produit également 5 % de rouges
SUPERFICIE
360 en blancs sur un total de 375 ha
CÉPAGE
chardonnay

Voici une composition délicate, bâtie en millefeuille, qui fait alterner la chair serrée du bar et des galettes de pommes de terre râpées que vient surmonter un petit chapeau de foie gras... Le vin devra résister sans l'affadir à cette complexité.

Poisson très élégant et savoureux, le bar affectionne les préparations un peu sophistiquées, comme ce millefeuille complexe où se côtoient le filet de poisson poêlé, la texture amidonnée des pommes de terre, l'onctuosité d'un morceau de foie gras et, en accompagnement, un petit coulis de tomates légèrement adouci par de la crème. La liste des ingrédients peut faire frémir les gourmands... Préparé pour le Bistrot du Sommelier à Paris par Jean-André Lallican, le chef actuel, ce plat rencontre toujours un très joli succès. Cependant, il reste délicat à servir, car le montage doit être réalisé à la dernière minute. Lorsqu'on le goûte, c'est l'impression de volume qui domine. Les saveurs de terre et de mer doivent pouvoir se côtoyer sans se heurter, et la rondeur caressante du foie gras et des pommes de terre ne doit surtout pas recouvrir les saveurs subtiles du poisson. Dans cette recette, la tomate est importante, car elle apporte un peu de fraîcheur à l'ensemble. Mais elle peut devenir redoutable au moment de choisir le vin.

L'harmonie avec un vin se révèle ici fort difficile. Après plusieurs expériences, j'ai résolu de m'en tenir à un meursault, seul capable à mes yeux de résister à la complexité du plat. Ce très grand vin blanc de Bourgogne a de la générosité et de l'onctuosité, mais aussi une certaine fougue et une minéralité qui permet de ne pas affadir l'ensemble. Avec un bar au foie gras, j'aime un meursault un peu épanoui, âgé de six ou sept ans, long en bouche, finement boisé, ample et intense. Je le propose à une température de 12 °C pour qu'il atteigne un plein volume. C'est alors que s'établit une réelle complicité avec le bar, dans un accord fondé davantage sur la douceur que sur le contraste, et que j'aime à décrire d'un mot : bar au foie gras et meursault concluent un mariage « sphérique ».

Avec un croustillant de bar au foie gras

Mâcon blanc (de préférence du secteur de Viré-Clessé)
Palette blanc
Châteauneuf-du-pape blanc
Graves blanc
Alsace riesling vendanges tardives (d'une dizaine d'années)
Chardonnay de Sonoma (Californie, États-Unis) ou de la Barossa Valley (Australie méridionale)

Avec un meursault blanc

Homard au court-bouillon
Langoustes, gambas rôties au jus et aux épices
Quenelles de volaille ou de poisson en sauce
Boudin blanc truffé
Poulet de Bresse à la crème
Blanquette de veau à l'ancienne, riz blanc
Risotto aux fruits de mer
Gratin dauphinois
Gratin de courgettes et riz

La sélection du sommelier

Domaine Coche Dury
Domaine des Comtes Lafon
Domaine Roulot
Domaine Morey Pierre
Domaine Jean-Marc Boillot
Maison Bouchard Père et Fils
Domaine Jacques Prieur

COSTIÈRES DE NÎMES ROUGE
rouget en tapenade

AOC
costières de nîmes
RÉGION
Languedoc
VIN ROUGE
l'AOC produit également 20 % de rosés et 5 % de blancs
SUPERFICIE
2 800 ha en rouges sur un total de 3 500 ha
CÉPAGES
majoritaires : syrah, grenache, mourvèdre
auxiliaires : cinsault, carignan

Poisson de roche au goût un peu sauvage, le rouget, surtout lorsqu'il est, comme ici, préparé avec des olives noires, affectionne la compagnie d'un vin rouge.

Comment concilier poisson et vin rouge ? La question se pose fréquemment, surtout si l'on veut faire tout un repas avec un seul vin. En choisissant un rouget, on simplifie singulièrement le problème, car ce poisson à la chair très serrée et forte en saveurs se comporte très bien avec les vins rouges. L'accord se fait d'abord à l'œil, par rappel de la couleur. Pour que l'harmonie soit complète, je suggère cette recette qui associe des poissons de petite taille, non vidés (on garde ainsi la saveur du foie de rouget), une petite quenelle de tapenade d'olives noires et un riz de Camargue travaillé avec des petits oignons et des lardons. La garniture (olives et riz) joue un rôle important dans cette alliance pleine de personnalité, mais il faut se garder de l'offrir en trop grande quantité, pour ne pas surcharger le palais avec des saveurs trop diversifiées.
Le choix du vin mérite, lui, quelques éclaircissements, car plusieurs écueils doivent être évités. Attention d'abord de ne pas se tourner vers un rouge trop végétal (on évitera les vins à base de cabernet franc), trop boisé ou, surtout, trop tannique. Les rouges issus de syrah ou, à défaut, de merlot, seront certainement les plus indiqués. Pour ma part, j'aime l'harmonie entre le rouget et le costières de nîmes. Le vin, élaboré à mi-chemin entre le Rhône et le Languedoc, a de la structure et de la densité. Avec le rouget, je le choisis âgé de trois ou quatre ans, pas plus, et surtout je le sers frais, aux alentours de 15 °C. Plus chaud, il ferait ressortir son alcool au détriment du goût du poisson et l'équilibre s'en trouverait détruit. La complicité entre le mets et le vin s'établit ici de manière complexe : avec un costières de nîmes souple, le rouget imposera sa persistance, et la tapenade justement dosée se fera l'écho des parfums d'olives noires dont le vin n'est pas exempt.

Avec un costières de nîmes rouge
Tourte d'agneau aux côtes de bettes
Caviar d'aubergines
Pièce de bœuf ou entrecôte grillées
Canard en cocotte aux oignons grelots et aux lardons
Ratatouille niçoise
Pélardon tiède,
servi avec un toast à la tapenade
Tomme de Savoie ou des Pyrénées
Saint-nectaire
Glace aux fruits rouges
Clafoutis aux cerises

Avec un rouget en tapenade
Coteaux varois rouge
Bellet rouge
Palette rouge
Graves rouge
Syrah de Stellenbosch (Afrique du Sud)
Merlot de l'Alexander Valley
(Californie, États-Unis))

La sélection du sommelier
Château Bolchet
Château de Campuget
Château de l'Amarine
Château la Tuilerie
Château Mas Neuf des Costières
Château Mourgues du Grès

PESSAC-LÉOGNAN ROUGE

lamproie à la bordelaise, poireaux confits

AOC
pessac-léognan
RÉGION
Bordeaux
VIN ROUGE
l'AOC produit également 20 % de blancs
SUPERFICIE
1 000 ha en rouges sur un total de 1 300 ha
CÉPAGES
majoritaires : cabernet-sauvignon, cabernet franc, merlot
auxiliaires : carmenère, malbec, petit verdot

La lamproie à la bordelaise constitue l'un des fleurons de la cuisine girondine : ce poisson d'eau douce, préparé avec une sauce au vin rouge et accompagné de poireaux confits, se marie très heureusement aux grands vins rouges du secteur des graves.

La lamproie ne fait pas vraiment partie de la famille des poissons : ce vertébré aquatique évolue en eau douce mais garde dans sa chair une influence saline. Ses arômes poissonneux la rendent difficile à marier au vin rouge, et les blancs secs ne lui conviennent pas du tout. Il faut surtout fuir les rouges trop tanniques, trop capiteux ou trop ensoleillés, avec lesquels ne s'établirait aucun équilibre. Pourtant, dans cette préparation régionale traditionnelle, où s'ajoute encore la présence un peu piquante du poireau confit, l'accord se fait sans difficulté avec un graves du secteur de Pessac. L'ensemble ne laisse pas d'étonner, mais l'association est parfaite et repose sur la minéralité fruitée du vin que l'on retrouve dans la sauce. Le pessac-léognan a en effet l'élégance et la suavité nécessaires pour s'accommoder de bien des poissons. J'aime beaucoup ce style de vin, aérien et fruité, très marqué par son terroir, qui peut facilement accompagner tout un repas. Une autre recette, plus exotique celle-là, lui convient aussi admirablement : le tepanyaki de bœuf, une recette japonaise de viande émincée et cuite sur une plaque d'inox.
Classique, racé, teinté d'arômes de fruits noirs, doté de tannins fins et soyeux, le pessac-léognan aime les chairs fondantes. Avec la lamproie, je prends seulement garde de le servir un peu frais, vers 15 ° ou 16 °C, et je le choisis plutôt jeune : c'est ainsi que peuvent s'exprimer sa fraîcheur et sa minéralité, qui se font les complices discrets de l'onctuosité veloutée de la sauce.

Avec une lamproie à la bordelaise
Graves rouge
Margaux
Sancerre rouge
Reuilly rouge
Sainte-foy-bordeaux rouge

Avec un pessac-léognan rouge
Sandre au beurre rouge
Daurade grillée au thym et au romarin
Poulet rôti à l'ail en chemise, poêlée de champignons
Entrecôte bordelaise
Soupe de fruits rouges, glace au cassis
Granité au cassis
Miroir au cassis

La sélection du sommelier
Château de France
Château Haut-Bailly
Château Haut-Bergey
Château Haut-Brion
Château Malartic-Lagravière
Château La Louvière
Château Pape Clément

PÉCHARMANT

salmis de pintade aux haricots coco

AOC
pécharmant
RÉGION
Sud-Ouest
VIN ROUGE
SUPERFICIE
400 ha
CÉPAGES
merlot, cabernet franc, cabernet-sauvignon, côt

Ce salmis, qui mêle viande, farce et haricots blancs typiques du Sud-Ouest, joue sur des textures variées et des parfums intenses. Le vin devra, lui, jouer les arbitres du goût sur cette pintade farcie aux abattis et aux herbes, servie désossée, roulée sur elle-même, tranchée et arrosée de jus.

Dans l'assiette, le salmis de pintade tout chaud exhale les arômes diffus des herbes qui ont parfumé la farce : persil, ciboulette et estragon se disputent la première place. Dans la bouche, la viande fond avec délicatesse, et le moelleux des abattis hachés s'oppose à la texture ferme de la chair de la pintade enrobée du jus de cuisson, tandis que les haricots coco, à la peau fine et au cœur tendre, se chargent d'équilibrer l'ensemble. Pour ce plat, l'assaisonnement tient un rôle important : j'ai une préférence pour le poivre du Cameroun dont les notes musquées exaltent les différentes senteurs sans jamais les noyer.
Ces parfums puissants, associés aux diverses textures, constituent une vraie difficulté au moment du choix du vin. Le risque est grand de s'orienter vers un vin qui paraîtrait trop fluide ou trop délicat. L'ensemble exige au contraire un rouge franc et structuré, dont la mâche permet de rechercher un équilibre fondé sur la puissance et la densité. Le pécharmant donne lieu ici à un accord régional classique et harmonieux. Ce vin rouge du Sud-Ouest, très coloré, semble souvent un peu austère dans ses jeunes années. Au bout de cinq à sept ans, il se fait plus aimable, dégageant des arômes de fruits noirs, de violette, de fumé, de cuir et de pierre à fossile. Les tannins puissants savent affronter la farce un peu riche du salmis, la structure du vin se joue de l'amidon des haricots. Mais le pécharmant n'est pas seulement un vin vigoureux : il possède aussi cette minéralité profonde qui donne à l'ensemble un raffinement supplémentaire. Je prends soin, d'ordinaire, de mettre le pécharmant en carafe une heure avant de le servir : sa personnalité n'en souffre pas, et le vin, plus expressif, gagne en élégance.

Avec un salmis de pintade
Madiran
Cahors
Irouléguy rouge
Cornas
Gigondas rouge
Bandol rouge
Rioja (Espagne)
Malbec-tannat de la région de Mendoza (Argentine)

Avec un pécharmant
Terrines de foies de volaille ou de gibier
Salade de gésiers confits
Magret de canard aux baies de cassis
Confit de canard aux lentilles
Cassoulet
Onglet de bœuf à l'échalote
Pot-au-feu
Daube de bœuf
Bœuf à la ficelle
Gratin de pommes de terre
Poêlée de champignons, cèpes à la crème
Tomme de brebis des Pyrénées
Fromages à pâte persillée :
fourme d'ambert, bleu de bresse

La sélection du sommelier
Château de Biran
Château de Tiregand
Château La Tilleraie
Domaine du Haut-Pécharmant

ALSACE PINOT NOIR ROUGE

caille aux raisins

AOC
alsace pinot noir
RÉGION
Alsace
VIN ROUGE
l'AOC produit également des rosés
SUPERFICIE
1 225 ha
CÉPAGE
pinot noir

J'aime cette recette en automne, à la saison des raisins frais. Je choisis, quand c'est possible, des fruits noirs, pas trop acides, qu'il suffit d'ajouter en fin de cuisson à la caille rôtie pour ne rien perdre de leur saveur. Le rôle du vin consiste alors à respecter cette légèreté et cette fraîcheur.

Tendre, délicate, parfumée mais discrète, la caille est une volaille gourmande et raffinée, qu'il faut éviter de trop cuire : une préparation rôtie, avec un jus à peine relevé, la sert mieux que tout autre. Sa finesse fait obstacle aux vins trop puissants. La subtilité de son parfum et la texture serrée de sa chair exigent au contraire de s'accompagner d'un vin aérien.

J'étais en voyage à Colmar avec mon père, à la fin des années 1970, lorsque j'ai goûté ce plat traditionnel de la gastronomie française avec un pinot noir d'Alsace. Le mariage m'est tout de suite apparu comme un bel exemple de complicité. Dans cette région consacrée aux vins blancs, le pinot noir fait exception. Mais lorsque l'année permet d'amener les grappes à maturité, quelle réussite ! Les vins sont d'un beau rouge lumineux, avec un nez de framboise très marqué au départ, et une minéralité qui reflète la diversité des sols alsaciens. Avec une caille aux raisins, je préfère un pinot noir jeune et délicatement boisé : sa fluidité aérienne s'accorde à merveille à la subtilité de la caille, et son acidité légère et fruitée fait écho à celle de la garniture. L'harmonie est parfaite, surtout si l'on sert le vin à une température raisonnable (16 °C), pour respecter la note fraîche apportée par les fruits du plat.

Avec une caille aux raisins
Mercurey rouge
Mâcon rouge
Menetou-salon rouge
Bugey rouge
Rioja rouge de type « crianza » (Espagne)

Avec un alsace pinot noir
De 2 à 4 ans :
Terrine de volaille et toasts de pain grillé
Cassolette d'escargots à l'ail
Rougets grillés
Foie de veau poêlé au vinaigre de framboise
Brie, coulommiers
Framboises en soupe de fruits
De 5 à 7 ans :
Poêlée de champignons à l'ail et au persil
Palombe ou bécasse au jus
Escalope milanaise aux pâtes fraîches
Côte de bœuf grillée

La sélection du sommelier
Domaine du Clos Saint-Landelin
Domaine Marcel Deiss
Maison Hugel

VOSNE-ROMANÉE

poulet de Bresse aux mousserons

AOC
vosne-romanée
RÉGION
Bourgogne
VIN ROUGE
SUPERFICIE
155 ha, dont 57 en vosne-romanée premier cru
CÉPAGE
pinot noir

Voici une harmonie exemplaire, qui s'appuie sur de nobles origines – volaille de Bresse et grand vin de Bourgogne –, mais dans laquelle le vin constitue indéniablement la pièce maîtresse. Car si l'on a la chance de posséder du vosne-romanée, mieux vaut chercher comment mettre en valeur ce vin exceptionnel.

Le vosne-romanée fait partie de ces immenses vins rouges de la Côte de Nuits. Dans son aire d'appellation, se trouvent de mythiques grands crus – la romanée-conti, la romanée, la romanée saint-vivant, la tâche ou le richebourg – ou des premiers crus superbes, un peu moins rares, tels Les Beaux Monts ou Les Malconsorts. Avec d'infimes nuances dans le degré de perfection, les vosne-romanée appellent les superlatifs ; raffinement, élégance, puissance, ampleur, densité, longueur en bouche, velouté : les vosne possèdent tout cela, et d'autres qualités encore ! Pour qui a la chance de posséder de tels vins dans sa cave, le vrai problème consiste surtout à ne pas les gâcher ! La patience est de règle : un vosne-romanée doit être attendu cinq ans, pour le moins. On le sert vers 17 ° ou 18 °C, et on le laisse s'épanouir dans un verre ample plutôt qu'en carafe, pour ne rien perdre de ses notes épicées, presque orientales. Avec un beau poulet de Bresse nourri au grain, la complicité s'établit d'abord par l'intermédiaire des textures : la volaille, rôtie, offre sa peau croustillante, répondant ainsi au soyeux du vin. Côté parfums, c'est l'explosion, au nez et en bouche : notes rôties présentes dans l'assiette comme dans le verre, arômes de cassis et de framboises typiques des grands bourgognes qui, si le vosne-romanée commence à prendre de l'âge, évoluent vers des touches de violette, de sous-bois automnal d'une complexité inouïe. C'est ici que les mousserons entrent en scène : s'ils apportent peu en matière de sensations tactiles, ils équilibrent merveilleusement l'ensemble grâce à l'infusion de leurs parfums qui font écho aux notes tertiaires du vin. L'ensemble joue sur les contrastes et la complémentarité : moelleux de la chair, croquant de la peau, velouté du vin, senteurs de champignons des bois... L'harmonie est inoubliable.

Avec un poulet de Bresse aux mousserons

Vins rouges :
Nuits-saint-georges
Vougeot
Saint-julien
Margaux

Vins blancs :
Meursault
Chablis grand cru
Hermitage
Côtes du jura

Avec un vosne-romanée

Terrine de faisan
Canard aux navets
Filet de biche sauce brune
Filet de bœuf aux champignons
Médaillon de veau aux épices douces

La sélection du sommelier

Domaine Faiveley
Domaine Anne Gros
Domaine des Perdrix
Domaine Jayer Henri
Domaine Leroy
Domaine Méo-Camuzet
Domaine Mongeard-Mugneret
Maison Dominique Laurent

SAVENNIÈRES
pot-au-feu de poulet

AOC
savennières
RÉGION
Loire
VIN BLANC
sec ou moelleux
SUPERFICIE
135 ha, dont une vingtaine pour le savennières coulée-de-serrant
CÉPAGE
chenin

Le pot-au-feu de poulet se confectionne dans l'esprit d'une poule au pot. C'est la diversité des légumes et la présence d'épices comme le clou de girofle dans le bouillon qui donnent au plat une personnalité toute en finesse et discrétion, que le vin – blanc ou rouge léger – devra se garder de masquer.

Dans cette recette, la qualité des ingrédients est tout aussi primordiale que le soin apporté à la préparation. Le poulet – qui peut même être une poule – doit être cuit sans excès, pour conserver aux chairs un peu de fermeté, tandis que les légumes printaniers apportent leur variété de goûts et de textures : carottes, navets, pommes de terre, céleri, poireaux et oignons sont doucement infusés dans un bouillon qu'on agrémente de thym, de laurier et de quelques clous de girofle piqués dans les oignons. L'ensemble doit être onctueux, dans une sauce qui n'est autre que la réduction du bouillon juste liée avec un peu de crème.

Avec ce plat en apparence tout simple, presque roturier, j'ai une nette préférence pour les vins blancs, et surtout pour le savennières, un blanc de Loire à base de chenin. C'est l'un des premiers vignobles de cette région où m'aient conduit mes pas de sommelier. J'ai une tendresse particulière pour ce vin blanc sec qui ne manque jamais de rondeur, et même parfois de douceur, et qui s'exprime sur des notes typiques de son terroir d'origine composé de schistes gréseux. Servi à 11 °C, il exhale ses parfums de fruits du verger, d'agrumes et de notes printanières qui se parent parfois d'une touche de verveine. Avec le pot-au-feu de poulet, la complicité s'établit naturellement, en douceur, grâce à l'onctuosité du vin, à sa diversité aromatique, et à sa pointe d'acidité finale qui enlève à l'accord toute trace de mièvrerie.

Avec un pot-au-feu de poulet

Vins blancs :
Alsace riesling
Anjou
Vouvray sec
Montlouis sec
Jurançon sec
Sauvignon de Stellenbosch (Afrique du Sud)
Steen de Paarl (Afrique du Sud)
Sauvignon de Marlborough (Nouvelle-Zélande)

Vins rouges (tendres) :
Gamay de Touraine
Beaujolais
Côtes du rhône jeune
Merlot du Tessin (Suisse)

Avec un savennières

Crevettes au citron, décortiquées, à l'apéritif
Asperges sauce mousseline
Saint-Jacques poêlées à la fleur de sel, poivre rose et tombée de poireaux
Sandre ou brochet au beurre blanc
Alose au beurre blanc
Andouille de Guéméné rôtie, compote de pommes, sauce au vin blanc
Gratins de chou-fleur, de cristophines, de patates douces
Chèvres cendrés : pyramide de valençay, sainte-maure
Poires cuites, glace à la vanille
Pommes au four, glace à la vanille

La sélection du sommelier

Château d'Épire
Coulée de Serrant
Domaine du Closel
Domaine Pierre Soulez

CHAMBOLLE-MUSIGNY
caneton braisé aux navets

AOC
chambolle-musigny
RÉGION
Bourgogne
VIN ROUGE
SUPERFICIE
210 ha, dont 60 en chambolle-musigny premier cru
CÉPAGE
pinot noir

Quelle que soit la préparation choisie, le canard pose toujours le même problème au moment du choix du vin : le goût très prononcé de sa chair a tendance à faire disparaître tous les autres.

Accompagner le canard n'est jamais chose facile. Pour résister à la force savoureuse de cette volaille, on a le choix entre deux attitudes : soit monter en puissance, en élisant un vin dense, structuré et très intense ; soit jouer sur la complémentarité et l'équilibre, en se tournant vers un accord de finesse et d'élégance. Dans le cas d'un caneton braisé aux navets, le problème est un peu simplifié par le long mijotage qui adoucit le goût des navets, donne à la viande une texture presque confite et concentre les arômes. J'opte alors pour un vin qui allie complexité et élégance naturelle plutôt que puissance explosive. Et, dans ce registre, quel choix pourrait être plus judicieux que celui d'un chambolle-musigny ?
Le chambolle-musigny est sans hésitation l'un des bourgognes rouges que je préfère. Il m'a offert nombre de bons souvenirs, dont l'un des plus beaux remonte à 1990 : j'ai eu l'occasion de déguster, au Clos-Vougeot, un chambolle de 1978 dont le raffinement m'a laissé comblé. Dans le secteur des chambolle-musigny, le pinot noir trouve une expression à l'apogée de l'élégance : on découvre dans ces vins, dès l'âge de cinq ou six ans, des notes classiques de framboises, de cerises et de noyaux de cerise, mais aussi des touches épicées, une bouche ronde, une structure d'une précision exemplaire et une longueur souvent magnifique. Un chambolle peut accompagner de nombreux mets, à condition qu'ils soient fins. Avec un caneton braisé aux navets, l'équilibre se fait sur l'onctuosité de la sauce brunie par la cuisson, sur la touche un peu giboyeuse de la chair de la volaille, sur le velouté et la finesse. L'harmonie est presque au-delà des mots : qu'il suffise de rappeler que l'un des meilleurs crus de chambolle s'appelle, tout simplement, les Amoureuses...

Avec un caneton braisé aux navets
Morey saint-denis
Vosne-romanée
Sancerre rouge (légèrement boisé)
Saint-émilion
Pomerol
Châteauneuf-du-pape rouge

Avec un chambolle-musigny
Salade de queues de bœuf confites, servie tiède
Poulet de Bresse à la broche, pommes de terre et cèpes sautés
Pièce de charolais grillée
Faisan rôti aux crosnes
Soumaintrain pas trop affiné avec un petit pain aux lardons

La sélection du sommelier
Château de Chambolle-Musigny
Domaine A.-F. Gros
Domaine Noellat
Domaine Robert Siruge
Domaine Roumier

MADIRAN

confit de canard aux lentilles

AOC
madiran
RÉGION
Sud-Ouest
VIN ROUGE
SUPERFICIE
1 200 ha
CÉPAGES
majoritaire : tannat
auxiliaires : cabernet-sauvignon, cabernet franc, fer servadou

Recette traditionnelle du Sud-Ouest de la France dont le succès déborde généreusement les frontières régionales, le confit de canard est un plat dense, un peu rustique, que l'on apprécie en hiver. Il faut prendre garde de ne pas choisir un vin rouge trop tendre, qui passerait alors inaperçu !

Préparée avec des lentilles – si possible les vertes du Puy, à la peau fine et craquante, et qui tiennent bien à la cuisson –, la viande de canard en confit se révèle moelleuse à souhait, malgré les fibres longues et serrées qui la composent. Ce plat, qu'on n'imagine guère de savourer lorsqu'il fait chaud, appelle à ses côtés un vin puissant, un peu riche en alcool. L'erreur ici consisterait à servir un vin trop discret ou trop raffiné. Car mieux qu'un mets régional, le confit de canard, c'est tout un style ! Quoi de plus naturel alors que de se tourner vers un madiran, issu de la même région ?
Le madiran a longtemps souffert d'une image un peu dépréciative : on confondait alors rusticité et puissance. Depuis vingt ans, les vignerons du Sud-Ouest ont beaucoup travaillé pour doter leurs vins de lettres de noblesse. C'est aujourd'hui chose faite, du moins dans les domaines qui ont misé sur la progression de la qualité. Le cépage local, le tannat, donne des vins rouge sombre, profonds, puissants, capables de se conserver sans souffrir. Leur nez envoûtant montre des notes complexes, fumées, épicées, presque sauvages, qui rappellent le gibier et les senteurs poivrées. J'aime surtout le madiran lorsqu'il a commencé à évoluer : je le mets alors en carafe, car ses tannins ont besoin d'oxygénation pour s'affiner, et je profite ainsi de sa robe sombre et magnifique. Auprès du confit de canard aux lentilles, le madiran fait de la résistance : son ampleur, sa mâche, ses tannins, sa structure s'accommodent bien de ce plat plutôt riche qui enrobe le palais et sert d'écrin à la densité du vin. Cette alliance puissante, marquée par la générosité des produits, se fait alors presque enivrante.

Avec un confit de canard
Irouléguy rouge
Pécharmant
Bergerac
Cahors
Gigondas ou saint-joseph rouges
Bandol rouge
Vin de corse Figari
Rioja (Espagne)

Avec un madiran
Foie gras poêlé déglacé au vinaigre
Canard aux lentilles, canette au chou
Cassoulet
Coq au vin
Foie de veau au vinaigre balsamique
Brochette mixte
(agneau, bœuf, rognon, poivron)
Agneau des Pyrénées rôti aux herbes
Perdreau farci au chou et aux pruneaux
Lièvre à la royale
Civet de marcassin
Civet d'isard
Chevreuil mariné
Fromage de brebis des Pyrénées
et confiture de cerises noires

La sélection du sommelier
Chapelle Lenclos
Château Bouscassé
Château d'Aydie
Château Laffitte-Teston
Domaine Moureou

SAINT-ÉMILION
pigeon au chou

AOC
saint-émilion
RÉGION
Bordeaux
VIN ROUGE
SUPERFICIE
1 425 ha
CÉPAGES
majoritaires : merlot, cabernet-sauvignon, cabernet franc
auxiliaires : bouchet, malbec

La réalisation d'un pigeon au chou se révèle délicate, puisqu'il faut concilier une cuisson juste à point de la volaille et un long compotage du chou destiné à le débarrasser de toute pointe d'âcreté. L'ensemble, qui oscille entre la noblesse du pigeon et la rusticité du légume, est moins facile à assortir qu'on pourrait le penser.

L'alliance entre le pigeon et le chou est marquée au sceau de la puissance : goût prononcé d'un légume parfois teinté d'amertume, qu'il faut lentement imprégner de la saveur du pigeon, et chair dense, presque giboyeuse, d'une volaille noble que j'apprécie, dans ce plat, encore rosée. Si l'on a soin de procéder en deux temps – en retirant le pigeon pour finir de cuire le chou –, on obtient un mets extrêmement goûteux, presque canaille, qui mêle la finesse des textures à des saveurs un peu sauvages.
Ce genre de plat aime à être accompagné d'un vin gourmand, encore marqué par le fruit, mais d'une douceur caressante. Un rouge trop fluide disparaîtrait aussitôt, tandis qu'un vin trop tannique aurait tendance à durcir au contact de l'acidité du chou. Pour équilibrer l'ensemble, mieux vaut s'orienter vers un vin un peu capiteux mais pas nécessairement issu de terroirs trop ensoleillés. Le saint-émilion me semble alors être un compagnon de choix. Malgré les styles de vins très divers que produit l'aire d'appellation, les saint-émilion se révèlent généralement denses, plutôt ronds et caressants, avec des tannins enrobés qui conviennent parfaitement au plat. Puissants sans excès, les saint-émilion tirent le meilleur parti de la fraîcheur atlantique et de la texture veloutée du merlot, leur cépage principal, qui parvient à enrober avec beaucoup d'élégance le moelleux du chou compoté et la viande fine, à la fibre serrée, de la volaille. À l'harmonie des textures répond alors la complicité des saveurs, à condition de choisir un saint-émilion encore jeune, vers cinq ou sept ans, dont les arômes fruités feront bonne figure auprès du chou confit.

Avec un pigeon au chou
Saint-joseph rouge
Marsannay rouge
Fixin
Gevrey-chambertin
Merlot de Toscane (Italie)

Avec un saint-émilion
Canard rôti au beurre d'olives
Coq au vin
Chapon rôti à la bordelaise
Filet de bœuf en croûte aux champignons
Agneau mariné aux herbes
Gigot aux flageolets
Saint-nectaire, mimolette étuvée, reblochon

La sélection du sommelier
Château Angelus
Château Canon
Château Canon La Gaffelière
Château Chauvin
Château Cheval Blanc
Château Faugères
Château Figeac
Château Larmande
Château Moulin Saint-Georges
Château Pavie
Château Troplong Mondot
Château La Couspaude

MARGAUX

oie rôtie sarladaise

AOC
margaux
RÉGION
Bordeaux
VIN ROUGE
SUPERFICIE
1 350 ha
CÉPAGES
majoritaires :
merlot, cabernet-sauvignon, cabernet franc
auxiliaires :
carmenère, malbec, petit verdot

Plat de fête, l'oie rôtie joue les effets contrastés : croustillant de la peau et chair un peu grasse se font accompagner de pommes de terre et de champignons qui permettront d'enrober les tannins d'un vin fin mais puissamment charpenté.

Si elle est régulièrement arrosée de son jus au cours de la cuisson, l'oie rôtie reste fondante à souhait. Pour peu qu'on y ajoute des pommes de terre un peu confites, des cèpes sautés et quelques truffes, comme c'est le cas dans la recette sarladaise, elle devient une merveille d'onctuosité. On pourrait, pour ce plat généreux, rechercher une alliance fondée sur la puissance. Pour ma part, je préfère les accords plus subtils : textures moelleuses et parfums enivrants me semblent mieux mis en valeur avec un vin élégant et raffiné.

S'il existe plusieurs possibilités d'harmonies, surtout avec les vins médocains, les margaux s'approchent au plus près d'une solution idéale : ils savent en effet concilier la souplesse du merlot et la robustesse de leur structure typique des rouges de cabernet. Élégants, aériens, d'une subtilité inouïe, les margaux jouent aussi sur le soyeux exceptionnel de leurs tannins et leur longueur en bouche. Du coup, ils s'accordent facilement avec les plats juteux ou même pulpeux ; ils détestent en revanche se trouver aux côtés de légumes verts, qui les font paraître aqueux, ou de sauces trop relevées, qui conviennent mal à leur délicatesse. Avec l'oie rôtie aux cèpes et aux truffes, je préfère un margaux déjà évolué : la complicité s'établit d'emblée entre les arômes de sous-bois du vin et les parfums séducteurs de la truffe, et la générosité du jus se trouve tout naturellement absorbée par les tannins de ce vin presque velouté. La fantaisie constitue l'une des grandes qualités de cette appellation exceptionnelle : il faut savoir respecter la diversité des différents crus !

Avec une oie rôtie sarladaise

Vins rouges :
Saint-estèphe
Haut-médoc
Canon-fronsac (d'au moins 10 ans)
Pécharmant
Volnay

Vins blancs (de 10 ans d'âge) :
Pessac-léognan
Puligny-montrachet
Meursault
Hermitage

Avec un margaux

Lamproie à la bordelaise
Caille rôtie au jus
Pintade ou perdreau rôtis aux épices douces
Ailerons de volaille croustillants aux épices douces
Côte de bœuf à la moelle
Brillat-savarin, pierre-robert, saint-nectaire fermier

La sélection du sommelier

Château Labégorce Zédé
Château Margaux
Château Rauzan-Segla
Château Monbrison
Château Palmer
Château Siran

POMMARD

côte de bœuf grillée sauce au poivre, pommes paillasson

AOC
pommard
RÉGION
Bourgogne
VIN ROUGE
SUPERFICIE
210 ha
CÉPAGE
pinot noir

Ainsi préparée, la côte de bœuf fait exploser les saveurs : chair persillée du bœuf, accents fumés de la grillade et notes relevées de la sauce au poivre se conjuguent dans une recette un peu canaille. Le vin choisi devra donc tenir tête à cette association puissamment aromatique.

J'aime associer la côte de bœuf à une sauce poivrade juste relevée, en ajoutant dans la préparation une touche de vinaigre balsamique qui apporte acidité et douceur. Et pour l'accompagner, rien ne vaut des pommes paillasson, que l'on râpe avant de les cuire dans une petite poêle : croquantes à l'extérieur, moelleuses à l'intérieur, les pommes de terre viennent enrichir le mariage des différentes textures du plat. Ainsi accommodée, la viande grillée offre une palette de parfums remarquables, dans laquelle doit pouvoir se glisser le vin.
Cru noble de la côte de Beaune, le pommard forme avec le bœuf grillé une alliance extraordinaire. Vin et plat se complètent magnifiquement : à la texture riche et serrée de la viande répond la structure puissante du vin, aux saveurs poivrées de la sauce font écho les arômes épicés du pommard, marqués par les fruits noirs, le poivre et les touches fumées... On trouve à Pommard beaucoup de vins très denses, parfois un peu rustiques, mais jamais dénués d'élégance, qui se déclinent avec mille nuances selon les crus et les coteaux. Si j'ai eu de nombreuses occasions d'apprécier les subtilités de cette appellation très diversifiée, j'aime surtout l'esprit du pommard qui combine expression aromatique, longueur en bouche et aptitude à la conservation. Avec la côte de bœuf, je préfère servir le vin un peu plus frais qu'à l'ordinaire (17 °C), après l'avoir carafé une petite heure : la puissance du pommard reste ainsi mieux maîtrisée.

Avec une côte de bœuf grillée sauce au poivre
Nuits-saint-georges rouge
Gevrey-chambertin
Cornas
Bandol rouge
Coteaux du languedoc rouge
Faugères rouge
Saint-chinian rouge
Toro (Espagne)
Valpolicella classico (Italie)

Avec un pommard
Coppa corse, toast de pain au sésame
Charcuterie de montagne (fumée)
Agneau aux épices
Ragoût de joues de porc sauce au poivre
Chevreuil grand veneur
Gros champignons farcis au jambon haché
Soumaintrain, citeaux, amour-de-nuits (fromages bourguignons) ; livarot, pont-l'évêque (pâtes molles)

La sélection du sommelier
Domaine Jean-Marc Boillot
Domaine de Courcel
Domaine Parent
Domaine Rebourgeon-Mure
Domaine Le Royer Girardin

CAHORS

filet de bœuf en croûte aux champignons et artichauts, jus au cassis

AOC
cahors
RÉGION
Sud-Ouest
VIN ROUGE
SUPERFICIE
4 250 ha
CÉPAGES
majoritaire : auxerrois (nom local du malbec et du côt)
auxiliaires : tannat, merlot

C'est la diversité aromatique des éléments du plat qui doit ici orienter le choix du vin : fumet du bœuf enfermé dans un feuilletage et garniture de fonds d'artichauts assaisonnés d'une pointe d'ail sont complétés par le jus de cuisson, agrémenté de cassis.

À première vue, l'ensemble peut paraître un peu confus : le feuilletage doré apporte une note de viennoiserie, les fonds d'artichauts coupés en quatre offrent leur suavité, le cassis joue sur l'acidité. Pourtant, on peut encore compléter cette diversité aromatique en mettant quelques lamelles de champignons – pourquoi pas des truffes ? – à l'intérieur de la croûte ! L'accord avec le vin doit se faire à plusieurs niveaux : harmonie dans la structure, la matière, mais aussi alliance de parfums, avec un vin rouge aux notes fruitées et florales qui, s'il commence à prendre de l'âge, exhalera des notes de sous-bois fort bienvenues. L'erreur consisterait à se tourner vers un vin trop fluide (qui viendrait heurter le feuilletage), ou manquant de soyeux (ce qui nuirait à la texture de la viande). Quant aux artichauts, il faut s'en méfier : leur goût très végétal a tendance à faire paraître les vins un peu métalliques. Heureusement, dans ce plat, la présence de la sauce au cassis servira de lien entre les différentes saveurs...
Avec le cahors, l'association se révèle tout de suite adaptée : ce vin du Sud-Ouest, qui a longtemps souffert d'une image de facilité, a aujourd'hui beaucoup gagné en qualité. Généralement dense et coloré, il libère des arômes de fruits noirs, de violette et de réglisse qui font écho aux senteurs du plat. Côté structure, le cahors a de la tenue : dense, charnu presque, il sait affronter la texture serrée d'une viande de bœuf rôtie. On aime souvent à le servir auprès des truffes, d'ailleurs originaires de la même région ; dans ce cas, je préfère un cahors âgé de cinq ou sept ans, dont les notes de fruits encore présentes se combineront aux touches d'humus données par l'âge. Mis en carafe une heure avant le service à une température de 18 °C, il devient sans effort un excellent complice de ce plat.

Avec un filet de bœuf en croûte
Gaillac rouge
Pécharmant
Saint-émilion
Côtes de castillon
Bordeaux côtes de francs rouge
Barolo, barbaresco, gattinara (Piémont, Italie)

Avec un cahors
Assiette de charcuteries
Salade de gésiers confits, sauce au cassis
Pigeon, faisan ou perdrix en cocotte aux champignons des bois
Pièce de bœuf rôtie
Entrecôte grillée
Cassoulet toulousain
Brebis des Pyrénées et baies de cassis, Rocamadour
Clafoutis aux fruits rouges
Crumble au cassis

La sélection du sommelier
Château du Cèdre
Château Goutoul
Château La Caminade
Château Lagrezette
Clos Triguedina

BANDOL ROUGE
daube de bœuf provençale aux olives noires

AOC
bandol
RÉGION
Provence
VIN ROUGE
l'AOC produit aussi 60 % de rosés et 5 % de blancs
SUPERFICIE
1 300 ha au total pour l'appellation
CÉPAGES
majoritaire : mourvèdre
auxiliaires : grenache, cinsault, syrah, carignan

Plat familial et traditionnel de la gastronomie provençale, la daube se prépare avec des légumes et des aromates, et s'enrichit des olives noires de la région qui vont justement constituer un lien parfait avec le vin.

La daube provençale est pour moi synonyme de dîners amicaux ou familiaux. Ce plat du terroir, mijoté longuement, joue sur la diversité des textures – on fait alterner des morceaux de viande maigres ou gras, tendres ou fermes – et la variété de goût des différents légumes. La liaison s'effectue dans la sauce, solide et onctueuse, marquée par la forte présence des olives noires. Le choix du bandol rouge, pour accompagner ce plat, s'impose de manière logique. D'abord parce qu'il s'agit d'un accord de terroir – le bandol constitue l'un des vignobles provençaux les plus originaux –, ensuite parce que l'harmonie est immédiate entre la saveur légèrement amère des olives du plat et les arômes complexes du vin, qui associent les fruits noirs, le musc, les épices et... les olives, justement.

J'aime beaucoup ce vin rond, généreux, énergétique, qui a de l'ossature et de la mâche ; ses tannins fins restent fermes, après dix-huit mois de fût, et le cépage principal du bandol, le mourvèdre, confère au vin sa puissance, sa longueur et sa densité. Pour ces raisons, le bandol mérite d'être mis en carafe, une heure et demie avant le service. Il justifie aussi un peu de patience, car il n'atteint la plénitude que vers l'âge de cinq ans : avec la daube provençale, c'est à partir de ce moment qu'il donnera les meilleurs résultats. Mais son potentiel de garde, dans les bonnes années, dépasse de loin les idées reçues : j'ai eu l'occasion de partager avec des amis, lors d'une soirée d'anniversaire, une daube et un bandol rouge. L'un des convives fêtait ses trente ans, et l'on avait choisi un vin de son année de naissance – preuve qu'un bandol réussi passe parfaitement le cap des trois décennies.

Avec une daube de bœuf provençale
Les baux de provence rouge
Gigondas rouge
Châteauneuf-du-pape rouge
Vins rouges de Californie, à base de syrah et/ou de grenache
Vins d'Australie méridionale à base de syrah et de cabernet-sauvignon

Avec un bandol rouge
De 2 à 4 ans :
Rougets grillés
Pavé de bonite pané aux graines de pavot bleu, sauce au vin rouge
Petits légumes farcis à la niçoise
Pizza au jambon et aux champignons
Lasagnes à la bolognaise
De 5 à 7 ans :
Caneton aux olives
Canard laqué, riz cantonais
Osso bucco à la tomate
Travers de porc caramélisé aux épices
Très vieux :
Crème brûlée aromatisée au café

La sélection du sommelier
Château de Pibarnon
Château Pradeaux
Château Vannières
Domaine de Terrebrune
Domaine Lafran-Veyroles
Domaine Tempier

BIÈRE BLANCHE
escalope de veau aux agrumes et endives

Les repas à la bière ont le mérite d'être souvent très inventifs : les différentes sortes de bières permettent en effet des associations aussi originales que variées, comme celle de cette bière blanche et de l'escalope de veau aux agrumes et aux endives braisées.

Dans ce plat, la sauce aux agrumes – des clémentines de préférence – doit jouer le rôle de modérateur, pour contrer la fermeté quasiment ligneuse de l'escalope de veau et l'amertume des endives, que l'on fait colorer presque à sec. Structuré grâce aux différentes textures – viande, sauce et légumes –, ce mets révèle des combinaisons aromatiques originales, en particulier si l'on a soin de préparer la sauce en la déglaçant à la bière et en ajoutant un peu de crème au dernier moment. Du coup, les contrastes s'atténuent, et la liaison entre les divers éléments s'effectue dans la douceur.

Encore faut-il savoir de quelle bière il s'agit. Ma culture personnelle m'a davantage porté vers le vin, mais j'ai eu à cœur de découvrir les bières. Grâce aux brasseurs, j'ai mené de nombreuses expériences enrichissantes sur la meilleure manière d'accompagner la bière à table. Si je n'apprécie guère la bière isolément, en revanche j'aime beaucoup certaines associations, avec les chocolats par exemple : bière brune avec un dessert aux épices et au chocolat noir, bière blanche avec du chocolat au lait et du praliné, bière au malt à whisky écossais avec un chocolat noir au whisky. À essayer aussi une bière ambrée et du munster au cumin et au miel.

Avec l'escalope de veau aux agrumes, c'est incontestablement une bière blanche jeune, servie à 7 ° ou 8 °C, qui convient, car elle instaure une continuité logique avec le plat : sa texture mousseuse fait écho à la sauce crémeuse, et son goût rafraîchissant, pas trop amer, s'accorde à merveille avec les notes d'agrumes de la sauce et l'âcreté légère des endives. Ici, le mariage du plat avec une bière non filtrée, très naturelle, se fait dans la quiétude d'une complémentarité bien comprise et loin de tout contraste violent.

Avec une escalope de veau aux agrumes
Chassagne-montrachet blanc
Chablis premier cru
Montlouis sec
Vin de corse blanc
Chardonnay de Marlbourough (Nouvelle-Zélande)

Avec une bière blanche
Terrine de lapin en gelée aux oignons grelots
Coquilles Saint-Jacques poêlées, sauce aux agrumes
Sauté de porc mariné à la bière et fèves
Endives et poireaux braisés
Chèvres cendrés (sainte-maure, pyramide de valençay) ; brousse aux herbes
Sabayon caramélisé aux fruits exotiques et à la bière
Carpaccio d'ananas poivré, glace à la vanille

La sélection du sommelier
Blanche de Météor, Brasserie Météor
Colomba, Brasserie Pietra
Amadéus Blanche d'Abbaye, Brasseurs de Gayant
Blanche de Namur, Brasserie de Saint-Omer
Whitebread, Brasserie Interbrew France
Blanche de Cambrai, Brasserie La Choulette
Wieckse Witte, Brasserie Heineken

ALSACE RIESLING VENDANGES TARDIVES
blanquette de veau à l'ancienne

AOC
alsace riesling
RÉGION
Alsace
VIN BLANC
MOELLEUX
l'AOC produit aussi des blancs secs
SUPERFICIE
3 350 ha pour l'ensemble de l'AOC
CÉPAGE
riesling

La blanquette de veau « à l'ancienne » fut l'un des grands classiques sur les tables de nos grands-parents. Elle doit son succès au fondant de la viande longuement mijotée et à l'onctuosité de la sauce blanche. Seule la présence de l'œuf (qui sert de liant) pose problème au moment du choix du vin.

La blanquette de veau appartient à mes souvenirs d'enfance : c'était l'une des recettes favorites de ma grand-mère, et l'un des plats pour lequel j'ai très vite recherché un accord avec un vin. La blanquette joue sur du velours : texture un peu gélatineuse des morceaux de veau choisis dans l'épaule, le flanchet et le tendron, garniture de petits légumes nouveaux qui fondent dans la bouche, sauce qui associe crème et jaune d'œuf, et qu'on relève d'un filet de citron. La suavité du plat doit conduire à rechercher un vin d'une douceur caressante, pas trop doux cependant, pour ne pas créer une forte impression de sucré. En même temps, les vins rouges sont à éviter, car ils font mauvais ménage avec l'œuf qui leur donne un accent métallique.
C'est ma grand-mère, encore elle, qui la première m'a fait goûter un riesling vendanges tardives avec sa blanquette. L'harmonie m'a tout de suite paru évidente : le vin a du corps, de la matière, une sucrosité maîtrisée qui lui donnent une texture proche de celle du plat. Mais il possède aussi une minéralité puissante qui assure une palette aromatique complexe et une finale rafraîchissante fort bienvenue avec la blanquette. Idéalement, c'est un vin juste moelleux, et non liquoreux, qui conviendra le mieux à ce mets : s'il a déjà un peu d'âge (plus de cinq ans), il aura « mangé son sucre », comme disent les vignerons, et ne paraîtra pas trop doux. Rafraîchi mais non froid (12 °C), il servira parfaitement la blanquette de veau et lui donnera du relief grâce à sa richesse minérale.

Avec une blanquette de veau à l'ancienne
Meursault
Chassagne-montrachet blanc
Savigny-lès-beaune blanc
Monthélie blanc
Savennières
Vouvray
Montlouis
Hermitage blanc
Chardonnay de Carneros (Californie, États-Unis)
Riesling de la Barossa Valley (Australie méridionale)

Avec un alsace riesling vendanges tardives (ou sélection de grains nobles)
Foie gras poêlé à la purée d'oignons
Soufflé au chou-fleur
Homard ou langouste rôtis
Langoustines au curry
Tranches de veau de mer poêlées, sauce crémée aux épices
Poularde de Bresse à la crème
Munster, livarot, pont-l'évêque
Tomme de savoie-abondance
Tarte aux pommes tiède
Tarte tatin aux poires
Poires pochées à la vanille, raisins de Corinthe
Chibouste vanille aux oreillons d'abricot

La sélection du sommelier
Domaine du Weinbach-Faller
Domaine Zind Humbrecht
Maison Trimbach

CÔTE-RÔTIE

foie de veau poêlé au vinaigre de framboise, baies de cassis

AOC
côte-rôtie
RÉGION
Vallée du Rhône
VIN ROUGE
SUPERFICIE
200 ha
CÉPAGES
majoritaire : syrah
auxiliaire : viognier

Voici un mets extrêmement parfumé et bien difficile à associer à un vin, puisqu'il réunit dans l'assiette l'amertume légère du foie de veau juste poêlé et l'acidité maîtrisée du vinaigre et des baies de cassis.

Les amateurs de foie de veau le savent bien : la cuisson doit être juste, pour ne pas durcir la viande, dont la consistance fondante, presque mousseuse, constitue l'un des éléments essentiels. Côté saveur, le foie manifeste souvent un peu d'amertume qui, dans la préparation, doit être domptée. On y parvient en déglaçant la poêle avec le vinaigre de framboise qui perd alors son acidité. Les baies de cassis, elles, ne constituent pas vraiment une garniture, mais apportent l'indispensable touche de fruits, avec une pointe de sucrosité acidulée qui vient équilibrer les parfums du plat. Ce mets, à la fois dense et fin, exige auprès de lui un vin rouge soyeux – la texture veloutée vient alors renforcer celle du foie de veau –, puissant mais pas trop capiteux, pour que l'accord avec le plat puisse s'établir sur les effluves de fruit.

Le côte-rôtie appartient à cette famille de vins qui concilient puissance et fraîcheur. Élaboré à partir de deux cépages, l'un rouge – le syrah –, l'autre blanc – le viognier –, il décline avec une élégance très singulière les subtilités de ses différents terroirs. C'est Étienne Guigal – grand-père de l'actuel propriétaire de la Maison Guigal – qui le premier m'a fait découvrir les secrets de cette appellation unique. Jeune, le côte-rôtie a des parfums de fruits noirs et rouges, des notes poivrées un peu orientales et une touche de fumé apportée par son séjour en fût ; en vieillissant, il gagne en complexité aromatique, avec des arômes de sous-bois et de truffe, mais sans rien perdre du côté aérien et rafraîchissant qui lui vient du viognier. Le potentiel de garde est exceptionnel. J'ai eu récemment l'occasion de goûter un côte-rôtie de 1947 : un vrai bonheur de maturité aromatique et de velours caressant ! Avec le foie de veau, je pense qu'un côte-rôtie d'une dizaine d'années serait idéal : en le carafant une heure et demie avant le repas, on respecte le parfum des fruits noirs et on laisse s'épanouir les notes épicées caractéristiques de l'appellation. Notes de fruits et texture soyeuse sont alors présentes dans le mets comme dans le vin, et l'accord s'approche de la perfection.

Avec un foie de veau poêlé au vinaigre de framboise
Gigondas
Minervois- la-livinière
Volnay
Santenay
Morey-saint-denis

Avec un côte-rôtie
Copeaux de jambon de Parme
Terrine de faisan aux copeaux de truffe
Poêlée de grives aux abattis
Côte de bœuf grillée, sauce aux champignons des bois
Filet mignon de veau aux girolles
Carré d'agneau aux herbes
Filet de biche ou de chevreuil, sauce aux fruits
Saint-marcellin affiné, picodon sec et pain aux olives noires
Crème brûlée aux quatre épices et aux griottes

La sélection du sommelier
Château D'Ampuis Guigal
Domaine Burgaud
Domaine Clusel Roch
Domaine Duclaux
Domaine Jean-Michel Gerin
Domaine Jamet
Domaine Stephan

CHABLIS

andouillette pommes pont-neuf

AOC
chablis
RÉGION
Bourgogne
VIN BLANC
SUPERFICIE
2 780 ha
CÉPAGE
chardonnay

Dans le Chablisien, l'andouillette fait figure d'institution : cette charcuterie très élaborée, au goût relevé de poivre et d'herbes, mérite souvent d'être adoucie par une sauce légère... au chablis, justement, dans un accord de terroir typique.

On ne peut ignorer l'andouillette lorsqu'elle arrive à table : l'intensité de son parfum ne manque jamais de la faire remarquer ! Dans la bouche, la texture elle aussi peut surprendre : les morceaux, gras ou maigres, se révèlent plus ou moins fondants, et alternent avec les herbes aromatiques très présentes. L'andouillette peut évidemment se préparer juste grillée au feu de bois : son goût fumé s'en trouve alors renforcé, ce qui la rend moins facile à associer à un vin délicat. Avec un chablis, je la préfère cuisinée : juste cuite à la poêle, et accompagnée de pommes croustillantes, découpées « pont-neuf », qui vont aider à absorber la sauce. Celle-ci doit être réalisée avec un vin blanc issu de cépage chardonnay, un petit chablis de préférence, qui va offrir à l'ensemble une note acidulée fort bienvenue pour que le mets ne paraisse pas trop riche. C'est avec François Raveneau que j'ai goûté d'abord l'association andouillette-chablis. J'avais jusque-là réservé ce vin aux fruits de mer, avec lesquels il se marie à merveille. Expression d'un terroir très particulier, le chablis possède une belle ossature minérale et ce fameux goût de « pierre à fusil » qui convient bien aux arômes iodés. Il exhale aussi des notes de fruits du verger et des parfums floraux (chèvrefeuille et aubépine surtout, parfois additionnés de verveine) qui en font un vin d'une grande complexité, mais que sa minéralité extrême, son côté incisif font paraître parfois un peu maigre. Avec l'andouillette, il faut surtout choisir un vin assez intense (un premier cru Fourchaume ou Vaillons, par exemple), un peu calmé de sa jeunesse (trois ou quatre ans suffisent), que l'on sert aux alentours de 10 °C. N'hésitez pas à le mettre en carafe : cela vous permettra d'apprécier les reflets vert-doré de sa robe, tout en oxygénant le vin qui gagne alors en volume et se fait le complice rêvé de l'andouillette.

Avec une andouillette pommes pont-neuf

Vins blancs :
Mâcon
Saint-joseph
Vouvray sec
Grüner Veltliner de la Wachau (Autriche)
Riesling de la Rheingau (Allemagne)

Vins rosés et clairets :
Bordeaux clairet
Fronton rosé
Corbières rosé
Tavel
Bandol rosé

Vins rouges :
Beaujolais
Gamay de Touraine
Sancerre
Arbois
Vin de savoie gamay

Avec un chablis

De 2 à 3 ans :
Huîtres plates
Nage de coques citronnée
Cuisses de grenouilles au persil
Poêlée de Saint-Jacques à la fleur de sel

De plus de 5 ans :
Gambas rôties
Goujonnettes de sole au beurre citronné
Poularde rôtie aux navets
Osso bucco de veau au chablis
Jambon à l'os braisé, sauce au chablis
Poêlée de girolles
Fromages de chèvre secs

La sélection du sommelier

Cave La Chablisienne
Domaine Dauvissat
Domaine d'Élise
Domaine Raveneau
Domaine Jean-Paul Droin
Domaine Laroche
Domaine William Fèvre

PULIGNY-MONTRACHET BLANC
jambon à la crème d'époisses

AOC
puligny-montrachet
RÉGION
Bourgogne
VIN BLANC
l'AOC produit aussi 2 % de rouges
SUPERFICIE
257 ha sur un total de 262 ha
CÉPAGE
chardonnay

On se doute que la présence dans une sauce d'un fromage aussi puissant que l'époisses risque de se révéler redoutable aux côtés d'un vin ! Pour maîtriser son parfum et éviter qu'il ne vienne perturber ses compagnons de table, il faut servir le jambon chaud, mais la sauce seulement tiède.

Le jambon chaud rôti fait partie des classiques bourguignons. Dans les auberges, on le trouve encore quelquefois préparé à l'ancienne, dans une vaste cheminée. Mais l'originalité de la recette tient surtout à la saveur très particulière de la sauce, confectionnée avec de la crème dans laquelle on fait fondre un fromage de Bourgogne, l'époisses. Puissamment odorant, l'époisses – débarrassé de sa croûte lavée – confère à la sauce une texture extraordinaire. Ce jambon chaud évoque pour moi des souvenirs de week-ends passés avec des amis sommeliers, à la veille de la vente des Hospices de Beaune, au mois de novembre : le plat est lié à l'automne, à l'ambiance de fête de vins et aux soirées entre amis.
Avec ce plat de terroir, que l'on peut accompagner de quelques pommes sautées ou de galettes de polenta, j'aime l'idée d'un mariage de contrastes, surprenant mais séducteur. Avec un jambon rôti, le choix d'un vin blanc paraît naturel. Ce qui est plus étonnant, c'est d'associer une recette simple et rustique au raffinement d'un puligny-montrachet ! N'oublions pas que Puligny abrite avec son voisin Chassagne le plus beau vin blanc du monde, le grand cru de montrachet, ainsi que beaucoup d'autres appellations sublimes : bâtard-montrachet, bienvenues-bâtard-montrachet, chevalier-montrachet... Le puligny-montrachet, lui, est un blanc noble, franc, raffiné, qui sait se livrer au bout de trois ou quatre ans mais peut se conserver plusieurs dizaines d'années. Le jambon va permettre au jeune puligny (trois ou quatre ans) d'exprimer sa fougue : le vin est dense, avec presque une structure de vin rouge, ce qui autorise cette alliance un peu osée. Ses tannins résistent bien à la texture ferme du jambon chaud et la touche vanillée donnée par le fût répond aux senteurs fumées de la viande. Surtout, les arômes de fruits du puligny (agrumes, fruits exotiques, fruits du verger) et sa minéralité élégante l'aident à faire front devant l'époisses : face à la vitalité du fromage chaud, le puligny (servi aux alentours de 9 °C) ne joue pas la surenchère ou l'agressivité, mais sa fraîcheur minérale et sa remarquable concentration anoblissent l'ensemble de la préparation.

Avec un jambon à la crème d'époisses

Vins blancs :
Meursault
Beaujolais
Côtes du jura
Côtes du rhône
Alsace pinot gris
Chardonnay de Toscane (Italie)

Vins rouges :
Bourgogne hautes-côtes de nuit
Bourgogne hautes-côtes de beaune

Avec un puligny-montrachet blanc

De 3 à 5 ans :
Tempura de crevettes
Langoustines aux agrumes
Coquilles Saint-Jacques à la crème
Quenelles de brochet beurre blanc
Turbot ou saint-pierre sauce hollandaise

De 5 à 10 ans, voire plus :
Homard au safran
Langoustines au curry
Poulet de Bresse rôti
Escalopes de veau à la crème
Risotto aux truffes blanches ou noires
Poêlée de girolles
Tous les fromages de chèvre, vacherin
Millefeuille à la vanille

La sélection du sommelier

Domaine du Château de Puligny
Domaine Leflaive
Domaine Louis Carillon
Domaine Sauzet
Maison Louis Jadot

COTEAUX DU LANGUEDOC ROUGE

travers de porc grillé aux figues rôties

AOC
coteaux du languedoc
RÉGION
Languedoc
VIN ROUGE
l'AOC produit aussi 12 % de blancs et 13 % de rosés
SUPERFICIE
7 500 ha en rouges sur un total de 10 000 ha
CÉPAGES
majoritaires : grenache, mourvèdre, syrah
auxiliaires : cinsault, carignan

Voici, dans un esprit un peu canaille, un mets simple et savoureux. Dans la région Midi-Pyrénées, on aime à l'agrémenter de quelques herbes aromatiques – sauge, thym, laurier et romarin – pour l'enrichir de parfums de garrigue que l'on peut aussi rechercher dans le vin.

Le travers de porc cuit sur la braise est une petite merveille de la cuisine estivale. La viande, fumée par la cuisson, accroche un peu sur l'os, et il ne faut pas hésiter, pour en profiter vraiment, à la saisir avec les doigts ! C'est l'une de mes recettes favorites pour les dîners d'été sans prétention. L'idéal consiste à faire mariner la viande quelques heures auparavant avec un peu d'huile et des herbes. Pour l'accompagner, l'essentiel est de choisir un vin généreux, un peu chaleureux, dans lequel l'alcool se montre présent. Si le porc est correctement cuit – c'est-à-dire juste grillé, et surtout pas brûlé –, sa texture ferme et un peu confite va supporter sans difficulté les tannins d'un vin bien charpenté, ample, puissant et ensoleillé. Dans cet esprit, les coteaux du languedoc rouges réussissent très bien. Évidemment, l'appellation couvre de vastes surfaces, et produit du même coup des styles de vins très différents. Mais la plupart montrent une forte personnalité et un équilibre fondé sur la rondeur du grenache, la rigueur structurée du mourvèdre et les notes épicées de la syrah. Les coteaux du languedoc du secteur de Montpellier (pic Saint-Loup et vignoble de Saint-Drézéry) conviennent particulièrement bien à la cuisine méditerranéenne, surtout lorsqu'elle fait une large place aux herbes aromatiques. La complicité se fait alors totale : le vin exhale des arômes de garrigue et des notes de fruits qu'une garniture de figues fraîches rôties met bien en valeur. L'alliance entre le plat et le vin dépasse alors la simple harmonie pour se rapprocher de la liaison fatale !

Avec un travers de porc grillé
Côtes de provence rouge
Côtes du roussillon
et côtes du roussillon-villages rouges
Pénédès rouge (Espagne)
Chianti classico (Italie)
Tancredi de Sicile (Italie)

Avec un coteaux du languedoc rouge
De 2 à 3 ans :
Terrines de volaille ou de gibier
Pâté de tête
Tartare de thon
Poivrons farcis à l'agneau
Pélardon des Cévennes avec un pain aux olives et aux herbes ; niolo corse
Clafoutis aux cerises
Jubilé de cerises flambé, glace vanille
Tartes à la mûre, aux figues, aux pruneaux
Fondant au chocolat noir
Milefeuille au café
De 5 à 6 ans :
Bécasse, perdreau ou pigeon rôtis
Pastilla de pigeon aux figues
Pavé de bœuf sauce brune ou sauce à la moelle
Côte de bœuf aux légumes grillés (courgettes, poivrons, oignons)
Côtes d'agneau aux herbes
Tajine d'agneau aux citrons confits

La sélection du sommelier
Château de Capitoul
Château de l'Engarran
Clos Marie
Domaine d'Aupilhac
Domaine Durand Camillo
Domaine l'Hortus
Mas Bruguière
Mas Jullien

PAUILLAC
gigot de sept heures aux fèves

AOC
pauillac
RÉGION
Bordeaux
VN ROUGE
SUPERFICIE
1 200 ha
CÉPAGES
majoritaires : merlot, cabernet-sauvignon, cabernet franc
auxiliaires : carmenère, malbec, petit verdot

Cette ancienne recette bordelaise exige de la patience : une cuisson extrêmement lente, à une température douce, permet à la viande d'agneau d'acquérir une texture d'un exceptionnel fondant, que seul un très grand vin rouge saura mettre en valeur.

Lorsque le gigot d'agneau sort du four, après sept heures de cuisson, la viande, devenue très fragile, risque de se déliter : il faut la déposer avec précaution sur le lit de fèves fraîches qui l'accompagne. Dans la bouche, c'est un véritable régal : l'agneau, presque confit, doit être longuement mâché pour diffuser toutes ses saveurs. Il importe alors de choisir un vin qui, lui aussi, supporte la mastication : un vin puissant et raffiné, pourvu de tannins élégants mais très denses, capable de tolérer la note végétale et légèrement amidonnée des fèves en même temps que l'ampleur aromatique du plat...
La solution la plus satisfaisante m'a été offerte, il y a déjà plusieurs années, lors d'une visite dans le Bordelais. Je la dois au baron Philippe de Rothschild, que je rencontrais alors pour la première fois, et qui m'a fait déguster ensemble ces deux merveilles médocaines : l'agneau et le vin de Pauillac. La tradition qui associe ces deux compagnons de terroir a décidément bien fait les choses. Le pauillac en effet n'exige pas d'être accompagné de mets très recherchés : il se suffit presque à lui-même. D'ailleurs, avant l'âge de sept ou huit ans, il paraît si puissant qu'on a bien du mal à profiter pleinement du mariage avec un plat, quel qu'il soit. Avec le temps, le pauillac conserve son caractère mais semble plus amène : ses notes de fruits noirs et rouges, ses senteurs d'épices, ses touches cacaotées et réglissées, son exceptionnelle longueur en bouche s'arrondissent en un ensemble fastueux. Le pauillac a de l'élégance et du tempérament : sa matière, son volume en bouche, sa présence forte autorisent des alliances solides avec des plats de caractère.

Avec un gigot de sept heures
Saint-estèphe
Premières côtes de blaye rouge
Cahors
Châteauneuf-du-pape rouge
Côtes du roussillon-villages
Cabernet-sauvignon de la Napa Valley (Californie, États-Unis)
Cabernet-sauvignon de la vallée de la Maule (Chili)

Avec un pauillac
Terrine de faisan au genièvre
Carré d'agneau aux cèpes
Filet de bœuf en croûte à la duxelle de champignons
Gigue de chevreuil aux marrons
Fromage de l'abbaye de Belloc (fromage de brebis des Pyrénées)

La sélection du sommelier
Château La Bécasse
Château Latour
Château Lafite Rothschild
Château Lynch Bages
Château Pontet-Canet
Château Mouton Rothschild
Château Pichon Longueville
Château Pichon Longueville-Comtesse de Lalande

CHÂTEAUNEUF-DU-PAPE ROUGE
agneau en tapenade et tomates confites

AOC
châteauneuf-du-pape
RÉGION
Vallée du Rhône
VIN ROUGE
l'AOC produit aussi 5 % de blancs
SUPERFICIE
3 000 ha en rouge sur un total de 3 200 ha
CÉPAGES
majoritaires : grenache, syrah, mourvèdre, cinsault
auxiliaires : terret, muscardin, vaccarèse, counoise, picardan

Les saveurs de ce plat ne manquent pas de poser quelques problèmes à l'amateur de vin : il importe de tenir compte de la présence forte de la tapenade d'olives noires qui a infusé ses parfums au cœur de la viande, et de la douceur acidulée des tomates confites.

Le plat en lui-même est une délicate alliance de contraires dans laquelle s'expriment l'âcreté des olives et l'acidité des tomates, heureusement tempérées par le mode de cuisson. La meilleure manière de le préparer consiste à fourrer une selle d'agneau de tapenade, pour permettre à la viande de s'imprégner des riches arômes des olives, et de confire longuement les tomates pour leur donner davantage de douceur. En même temps, la texture ferme, assez dense, de l'agneau se méfie des vins trop fluides ou trop discrets. La recette demande un vin plutôt puissant qui permette de rechercher un équilibre dans la densité.
Le châteauneuf-du-pape, justement, n'aime guère les mets trop tendres ou trop légers, qui ne lui donnent pas l'occasion d'exprimer sa forte personnalité et son caractère capiteux. Les galets roulés propres au terroir du châteauneuf offrent au cépage grenache un terrain de prédilection : c'est le grenache qui donne au châteauneuf sa densité, ses notes kirschées et cacaotées et ses arômes de cuir. Souvent s'exprime aussi, dans le vin, une touche d'olives noires qui va venir réveiller les saveurs du plat. L'ensemble est charpenté par la texture de la viande et la structure du vin. J'aime beaucoup les châteauneuf-du-pape, que j'évite de servir trop chauds : une température de 17 °C, après un passage en carafe d'une heure, permet d'équilibrer la fraîcheur du vin sans faire disparaître le velouté et le soyeux si typiques de l'appellation.

Avec un agneau en tapenade
Hermitage rouge
Pommard
Chinon rouge
Bourgueil rouge
Anjou-villages rouge
Ribera del Duero
de la région de Valladolid (Espagne)
Vins d'assemblages de cabernet-sauvignon
et syrah du Nouveau Monde
(Australie, Chili, États-Unis)

Avec un châteauneuf-du-pape rouge
Terrine de faisan
Papillote de truffe au foie gras
Bécasse ou grive rôties, flambées
au marc de châteauneuf
Civet de lapin de garenne
Filet de bœuf truffé
Filet de chevreuil aux marrons
Cuissot de chevreuil aux olives
Fricassée de champignons des bois

La sélection du sommelier
Réserve des Célestins
Château de Beaucastel
Château de la Nerthe
Château de Lagardine
Château Rayas
Clos des Papes
Domaine du Vieux Télégraphe
Domaine de la Janasse

AJACCIO ROUGE

cabri rôti aux châtaignes

AOC
ajaccio
RÉGION
Corse
VIN ROUGE
l'AOC produit aussi 10 % de blancs et 40 % de rosés
SUPERFICIE
100 ha en rouges sur un total de 205 ha
CÉPAGES
majoritaire : sciacarello
auxiliaires : barbarossa, niellucio, grenache, cinsault

En Corse, on aime au printemps les jeunes cabris tendres, que l'on fait rôtir entiers à la manière d'un méchoui, en prenant soin de les aromatiser d'herbes odorantes et de les arroser régulièrement avec le jus de cuisson : le vin servi à table doit alors respecter les saveurs prononcées du plat et valoriser ses différentes textures.

Tous les parfums de la garrigue corse s'expriment dans le fumet de ce cabri rôti. Dans la bouche, on apprécie l'opposition entre le croustillant et le moelleux de la viande et la chair douce, un peu amidonnée, de la garniture de châtaignes. La réussite de ce mets savoureux tient à l'excellence des produits mais ne pose aucune vraie difficulté à se faire accompagner. Il faut alors se laisser guider par les accords de terroir : un ajaccio rouge a toutes les chances de réaliser avec le cabri une alliance parfaite. La logique géographique en est l'une des raisons, mais certainement pas la seule : le vin a la puissance et la générosité des méditerranéens, mais aussi une subtilité discrète. Sa couleur claire révèle une concentration modérée, qui limite son côté chaleureux sans ternir sa personnalité. Né en plein soleil sur un terroir calcaire, l'ajaccio rouge combine harmonieusement rondeur et finesse. Ses arômes de cuir et de sous-bois, ses notes kirschées, ses parfums de fruits à noyau témoignent de sa complexité aromatique. Contrairement aux idées reçues, l'ajaccio rouge peut se conserver : j'ai récemment goûté un vin de 1959 qui présentait encore de beaux arômes de garrigue, de fruits secs et de coings confits. Avec le cabri, il faut seulement se méfier de la température de service : je prends toujours soin de ne pas servir l'ajaccio à plus de 16 °C. Ainsi maintenu un peu frais, le vin conserve son fruit et permet un équilibre très réussi qui repose sur la similarité des textures – le moelleux est commun au vin et au plat – et des parfums.

Avec un cabri rôti aux châtaignes
Arbois rouge
Chianti classico (Italie)
Vino nobile de Montepulciano (Italie)

Avec un ajaccio rouge
Coppa et charcuteries corses
Gigot d'agneau rôti aux herbes
Filet de marcassin en civet
Daube de bœuf provençale
Caponata sicilienne
Brocciu sec

La sélection du sommelier
Clos Capitoro
Clos d'Alzeto
Domaine Comte Peraldi

1999

HERMITAGE ROUGE
civet de biche aux champignons

AOC
hermitage
RÉGION
Vallée du Rhône
VIN ROUGE
l'AOC produit aussi 20 % de blancs
SUPERFICIE
100 ha en rouges sur un total de 125 ha
CÉPAGE
syrah

Mets recherché en automne, le civet de biche – cuisiné avec une marinade à base de vin et d'aromates et une sauce passée, classiquement liée au sang – constitue une nourriture puissante et très complexe, réservée aux amateurs de gibier.

Pour être réussi, le civet de biche demande patience et savoir-faire : la viande est marinée et cuite lentement, afin de pouvoir s'imprégner des sucs de la préparation, et la sauce doit être liée à la dernière minute. En automne, les champignons des bois – poêlés à part – viennent naturellement garnir ce plat recherché, très savoureux et réservé à de belles occasions. Moi qui suis amateur de gibier de toutes sortes, j'aime à accompagner ce type de plats de vins puissants, denses et dont les parfums sont marqués par une pointe un peu animale. L'hermitage rouge en fait partie. Cette magnifique appellation de la vallée du Rhône trouve l'une de ses meilleures expressions aux côtés du gibier. Avec un civet de biche, un vin d'une dizaine d'années permet de réaliser une harmonie d'une grande complexité. Le plat, raffiné mais d'un goût intense, réclame en effet un vin élégant, dans lequel on doit déceler des arômes de fruit macéré, de truffe, d'humus et de réglisse, mais dans lequel une belle trame minérale combinée à des tannins fins assure la longueur en bouche. Sur un vin jeune (un hermitage de dix ans est encore dans sa prime jeunesse !), les parfums de violette et de fruits rouges sont encore bien décelables, alors que les notes torréfiées et épicées se teintent d'une pointe presque giboyeuse qui répond à merveille à la chair tendre de la biche en civet. En bouche, l'ensemble joue sur une alliance savante entre la fermeté et le velouté, la rondeur et la densité, l'élégance et la puissance. En vieillissant, le vin évolue spontanément vers une couleur brun-orangé et sa texture s'assouplit : je le préfère alors avec du gibier à plume simplement rôti. Pour peu qu'on y ajoute quelques truffes, c'est un pur délice.

Avec un civet de biche aux champignons
Côte-rôtie
Crozes-hermitage rouge
Vosne-romanée
Chambolle-musigny
Volnay
Pomerol
Saint-émilion
Barolo (Italie)
Pinot noir de l'Oregon (États-Unis)

Avec un hermitage rouge
De 8 à 10 ans :
Ravioles de Royan aux champignons de Paris et à la crème
Chausson de foie gras truffé
Caneton aux olives noires
Filet de bœuf au poivre
Tournedos Rossini
Tournedos aux olives noires
Entrecôte marchand de vin
Carré d'agneau aux herbes
Rognons au porto
Gratin dauphinois
Crosnes rissolés au beurre
Saint-marcellin fondant, pain aux olives
De plus de 10 ans :
Faisans ou grives rôtis, garniture de truffes

La sélection du sommelier
Domaine Jean-Louis Chave
Domaine des Remizières
Maison Delas
Maison Chapoutier
Maison Paul Jaboulet Aîné

FITOU

civet de sanglier à la purée de marrons

AOC
fitou
RÉGION
Languedoc
VIN ROUGE
SUPERFICIE
2 500 ha
CÉPAGES
majoritaire : carignan
auxiliaires : grenache, mourvèdre, syrah

Robuste et bien relevé, le civet de sanglier gagne à être accompagné d'une purée de marrons, qui adoucit la préparation sans l'affadir. Le plat, que l'on a intérêt à préparer vingt-quatre heures à l'avance, conserve de toute façon un goût de gibier prononcé. C'est l'un des classiques des week-ends de chasse.

Le sanglier évoque l'ambiance conviviale et joyeuse des week-ends d'automne passés en compagnie d'amis amateurs de gibier. J'aime ces préparations longues qui ont pour effet de confire la viande dans une sauce dense aux saveurs puissantes. Dans le civet, on a affaire à une alternance de morceaux, d'origine différente, plus ou moins tendres, mais généralement marqués par un goût assez sauvage. La sauce, qui doit comporter des ingrédients comme la genièvre rappelant l'environnement naturel des sangliers, doit par son onctuosité et la concentration de ses arômes dompter la puissance gustative du gibier. Lors de ces soirées, j'aime parfois à sortir des grands classiques : plutôt qu'un grand bourgogne – qui convient très bien par ailleurs –, il m'arrive de faire un choix moins évident, plus original, qui a l'avantage de mettre de la gaieté sur la table. Ainsi le fitou permet-il avec le sanglier ce type d'équilibre fondé sur la jovialité et la robustesse. Ses arômes de fruits macérés un peu sauvages, ses notes de fruits noirs surmûris, ses touches épicées, sa puissance chaleureuse en font un compagnon particulièrement agréable. C'est d'autant plus vrai s'il s'agit d'un fitou élaboré à l'intérieur des terres plutôt que sur le littoral : on y découvre une structure fortement charpentée qui s'accommode mieux encore de la texture ferme de la viande enrobée dans la sauce. J'ai l'habitude de carafer le fitou, mais pas plus de quarante-cinq minutes, pour lui éviter de s'oxyder. Viande et vin deviennent alors d'excellents complices : sans rivaliser en puissance, sans anesthésier le palais, ils ensoleillent les soirées de chasse avec beaucoup de fantaisie.

Avec un civet de sanglier
Corbières rouge
Côtes du roussillon-villages
Priorat (Espagne)
Toro (Espagne)

Avec un fitou
Terrines de volaille ou de gibier
Salade de magrets de canard fumés
Salade de gésiers confits
Sardines grillées
Canard aux olives
Goulasch de bœuf
Daube aux olives noires
Pot-au-feu
Chili con carne aux haricots rouges
Cabichou affiné, pain aux olives noires
Tarte au chocolat et aux griottines
Croquant praliné, sauce arabica

La sélection du sommelier
Château de Nouvelles
Domaine les Mille Vignes
Domaine Bertrand Berge
Producteurs du Mont Tauch

NUITS-SAINT-GEORGES ROUGE

chevreuil grand veneur, chips de céleri

AOC
nuits-saint-georges
RÉGION
Bourgogne
VIN ROUGE
l'AOC produit aussi 2 % de blancs
SUPERFICIE
300 ha en rouges sur un total de 305 ha
CÉPAGE
pinot noir

Voici une association qui ressemble à la rencontre de deux géants : une recette ultra-classique de venaison à la française et l'un des plus célèbres vins de Bourgogne, qui a donné son nom à la fameuse Côte de Nuits.

Le chevreuil possède la noblesse des grands gibiers : une viande tendre, fondante et ferme à la fois, à la saveur intense. La préparation « grand veneur » (basée sur une sauce poivrade enrichie de vin rouge), qui s'accompagne de groseilles fraîches, aide à maîtriser le goût prononcé de la viande. L'ensemble gagne en onctuosité et en velouté, et le résultat final combine la note poivrée et la fraîcheur acidulée des fruits. Pour la garniture, on peut s'orienter vers une association moins classique : du céleri-racine tranché finement et frit sous forme de chips ajoute un peu de douceur.

Aux côtés d'un mets aussi complexe, il faut bien sûr un grand vin rouge, et l'idée du nuits-saint-georges vient assez naturellement à l'esprit. Cependant, de nombreuses autres solutions sont permises sans aucune fausse note. Mais j'aime le nuits-saint-georges, peut-être parce qu'il a fait figure de favori à la table de mes parents... Le vin a en tous les cas la densité et la suavité du pinot noir, et se pare de notes giboyeuses en prenant de l'âge. Il a besoin de temps pour pouvoir s'exprimer : il faut d'abord l'attendre (cinq ans représentent un minimum) puis le carafer ou, mieux encore, le laisser s'épanouir, à une température de 18 °C, dans de grands verres à bourgogne. Ainsi pourra-t-on dompter les arômes de l'ensemble pour profiter de cette alliance surpuissante mais pleine de raffinement.

Avec un chevreuil grand veneur
Pommard
Vosne-romanée
Châteauneuf-du-pape rouge
Côte-rôtie
Pomerol
Saint-émilion
Barbaresco (Italie)
Vino nobile de Montepulciano (Italie)
Rioja (Espagne)
Pénédès (Espagne)

Avec un nuits-saint-georges rouge
Jambon de canard sur toasts, avec des groseilles fraîches
Hure de sanglier
Côte de bœuf marchand de vin
Entrecôte aux champignons des bois
Laguiole, morbier, saint-nectaire

La sélection du sommelier
Clos de l'Arlot
Domaine Prieuré Roch
Maison Faiveley

ALSACE TOKAY-PINOT GRIS

chou farci aux épices douces

AOC
alsace tokay-pinot gris
RÉGION
Alsace
VIN BLANC
l'AOC produit également des vins moelleux et liquoreux
SUPERFICIE
1 350 ha
CÉPAGE
pinot gris

La plupart des légumes verts n'ont guère d'affinité avec le vin : leur goût végétal fait paraître les rouges métalliques et la présence de l'eau contenue dans le légume dilue le vin. On peut limiter le problème en choisissant, comme ici, une préparation farcie avec un peu de riz et des épices douces.

Précisons d'abord, pour cette recette, qu'il ne faut jamais confondre épices et piment ! Les feuilles de chou simplement blanchies doivent s'enrouler autour d'une farce confectionnée avec du riz, du paprika, du quatre-épices, et d'autres parfums exotiques. Une cuisson en cocotte permet ensuite au chou de perdre son âcreté et son croquant, au profit d'une texture fondante et d'une saveur bien marquée.

Avec un tel plat, il faut éviter les vins rouges, sauf s'ils sont vraiment tendres, et préférer un blanc rafraîchissant et suffisamment parfumé. À mes yeux, l'alsace tokay-pinot gris constitue le meilleur complice des petits choux farcis, et une alternative originale à des vins blancs plus connus. Ce vin aux senteurs de fruits confits et de marché oriental combine avec élégance une belle intensité aromatique et une minéralité douce qui conviennent aux saveurs suaves. J'aime surtout le tokay-pinot gris dans sa version sec, qui n'exclut jamais une certaine douceur. Avec les choux farcis, l'équilibre s'établit aussi bien au niveau des textures – fondant du chou, moelleux de la farce et onctuosité du vin – qu'à celui des arômes d'épices, à condition de ne pas assaisonner trop violemment la farce. Rafraîchi à 9 °C, le vin peut alors exprimer, avec ce plat, les saveurs inoubliables que lui donne le cépage dont il est issu.

Avec un chou farci aux épices douces
Vins blancs :
L'étoile
Müller-Turghau de Franconie (Allemagne)
Vins rouges (tendres) :
Beaujolais rouge
Côte roannaise
Coteaux du lyonnais
Alsace pinot noir

Avec un alsace tokay-pinot gris
Petits feuilletés (au pavot ou au fromage) en apéritif
Feuilletés aux escargots
Nage de Saint-Jacques aux poireaux
Ailerons de volaille caramélisés
Aumônières (de pâte à brick) à la volaille et aux raisins
Pastilla au pigeon
Poulet à la chinoise, aux amandes ou aux noix de cajou
Maroilles, livarot, pont-l'évêque
Mendiant de fruits secs avec une crème brûlée à la vanille

La sélection du sommelier
Domaine Rolly Gassmann
Domaine Marc Tempé
Domaine Ernest Burn

GRAND CRU
Pinot Gris
1998

PESSAC-LÉOGNAN BLANC
risotto aux crevettes et au curry

AOC
pessac-léognan
RÉGION
Bordeaux
VIN BLANC
l'AOC produit aussi plus de 80 % de rouges
SUPERFICIE
280 ha en blancs sur un total de 1 350 ha
CÉPAGES
majoritaire : sauvignon
auxiliaires : sémillon, muscadelle

Le risotto à l'italienne est un sommet d'onctuosité – et une chance pour le vin ! Cette texture très particulière, que l'on peut comme ici parfumer aux crevettes et aux épices, a le mérite de mettre en valeur sans effort des vins ronds à la douceur caressante.

Toute la difficulté du risotto tient à la cuisson très délicate de ce riz à tout petits grains, qu'il ne faut jamais cesser de remuer en le cuisant, pour qu'il prenne une texture veloutée, collante presque. On le prépare avec un fond de poisson, on ajoute de grosses crevettes décortiquées, on le parfume avec du curry et un peu de parmesan (qui joue le rôle de révélateur de goût). L'ensemble doit être relevé sans excès, pour conserver de l'élégance et, surtout, ne pas couvrir le goût du vin qui va accompagner le plat.
C'est au Japon que j'ai apprécié le pessac-léognan blanc avec le riz. Ce vin symbolise le bordeaux sec dans toute son excellence : dense, charnu, élégant, il possède une minéralité affirmée et un boisé distingué. Sa texture presque moelleuse, qu'il doit au cépage sémillon, convient particulièrement bien à celle du riz. Son intensité aromatique, marquée par la fraîcheur du sauvignon, équilibre la saveur prononcée du curry. En bouche, la complicité relève de la perfection, surtout s'il s'agit d'un pessac-léognan qui comporte une belle proportion de sémillon. Il faut seulement se garder de le servir trop frais, pour lui donner l'occasion d'exprimer son ampleur et éviter un contraste trop grand avec le risotto bien chaud.

Avec un risotto aux crevettes et au curry
Jurançon sec
Chardonnay de Limoux
Chardonnay du Piémont (Italie)
Vins d'assemblage sauvignon et sémillon de la région de Victoria (Australie)

Avec un pessac-léognan blanc
Crevettes marinées
Oursins farcis au tourteau
Tempura de crevettes à la japonaise
Langouste au curry
Homard à l'américaine
Soupions farcis à l'encre
Coquilles Saint-Jacques poêlées
Turbot aux morilles
Goujonnettes de sole au persil frit
Lapin à la moutarde

La sélection du sommelier
Château La Garde
Château de Fieuzal
Château Smith Haut Laffitte
Château Larrivet-Haut-Brion
Château Couhins-Lurton
Château Malartic-Lagravière
Domaine de Chevalier

BORDEAUX CLAIRET
lasagnes aux fruits de mer

AOC
bordeaux clairet
RÉGION
Bordeaux
VIN CLAIRET
SUPERFICIE
421 ha
CÉPAGES
majoritaires : merlot, cabernet franc, cabernet-sauvignon
auxiliaires : carmenère, malbec, petit verdot

Les cuisines méditerranéennes sont friandes des pâtes préparées aux fruits de mer, mais j'ai un faible pour les lasagnes fraîches qui cuisent en s'imprégnant de leur garniture. Les pâtes plates ont en effet l'avantage, dans la bouche, de se faire divinement caressantes.

Il y a sans doute mille manières de préparer des lasagnes aux fruits de mer. Je les aime, moi, avec des palourdes, des crevettes, des moules et des coques assaisonnées d'ail et de persil, et couvertes de chapelure pour gratiner au four. La sauce, un peu étendue au départ afin de pouvoir cuire les pâtes, est constituée de vin blanc sec et de crème, mais certains aiment y ajouter de la tomate. Le résultat est un délice de fermeté – celle des coquillages – et de moelleux à la fois, tandis qu'au nez parviennent de délicats effluves marins...

Ces caractéristiques doivent être prises en compte au moment du choix du vin. Les rouges conviennent mal, mais les blancs risquent de paraître trop fluides. Le bordeaux clairet fait alors figure de partenaire idéal : mieux qu'un vin rosé, il a la consistance d'une structure tannique légère qui équilibre l'onctuosité générale du plat, mais aussi une fraîcheur presque croquante, aérienne, fruitée qui empêche les lasagnes de le dominer. J'aime beaucoup le clairet de Bordeaux, qui dans mon esprit garde bien la trace de ses origines : cépages classiques des rouges bordelais et fraîcheur maritime de l'arc atlantique. Avec les lasagnes, il peut sembler au départ un peu fluide, mais il ne faut pas s'en inquiéter : ses tannins justes lui confèrent une persistance de fin de bouche tout à fait suffisante. Original, le clairet – qu'il faut choisir jeune (deux ou trois ans) et servir vers 12 °C – mérite une place plus fréquente sur nos tables, car il se glisse avec aisance dans beaucoup de situations gastronomiques.

Avec des lasagnes aux fruits de mer

Vins rosés :
Tavel
Fronton
Béarn
Chinon
Cerasuolo d'Abbruzzo (Italie)
Chiaretto del Garda (Italie)

Vins blancs :
Premières côtes de blaye
Ajaccio
Pouilly-fumé
Chablis

Avec un bordeaux clairet

Salade de mâche aux lardons et aux croûtons
Salade de jambon au pamplemousse
Feuilletés au fromage de brebis
Tarte à l'oignon
Quiche aux courgettes ou aux poireaux
Boudins créoles
Brochettes de volaille
Brochettes de porc et veau

La sélection du sommelier

Château Bois Malot
Château Brethous
Château Penin

LES BAUX DE PROVENCE ROUGE
tagliatelles à la bolognaise

AOC
les baux de provence
RÉGION
Provence
VIN ROUGE
l'AOC produit aussi 20 % de rosés
SUPERFICIE
255 ha sur un total de 320 ha
CÉPAGES
majoritaires : grenache, syrah
auxiliaires : mourvèdre, cinsault, counoise, carignan, cabernet-sauvignon

Les pâtes, surtout lorsqu'elles sont plates comme les tagliatelles, sont bonnes amies du vin, mais la sauce bolognaise, qui fait une large place à la tomate, n'est guère facile à assortir ! À l'acidité du fruit s'ajoute l'odeur un peu envoûtante de la viande hachée, qui vient encore compliquer les parfums du plat.

S'il est si délicat de marier un vin à une sauce bolognaise, c'est bien à cause de la violence gustative de la tomate. On peut y remédier en partie en laissant réduire la sauce pour confire l'ensemble, et contrebalancer l'acidité en relevant la préparation avec des herbes aromatiques, du poivre et un peu de parmesan râpé. Heureusement, dans les tagliatelles à la bolognaise, il y a les pâtes ! Leur forme aplatie convient bien au vin, qu'elle perturbe moins que celle des spaghettis. Je préfère les tagliatelles fraîches et cuites « al dente », pour qu'elles ne ramollissent pas au contact de la sauce.

Avec ce genre de plat, on imagine d'abord une entente totalement italienne, en choisissant un vin rouge de la Péninsule. Mais le Midi de la France offre aussi des possibilités d'accords intéressants. Les rouges de l'appellation les baux de provence en sont un exemple réussi. Ces vins colorés, denses, ont un côté fruité qui rappelle les fruits rouges, et des notes poivrées, musquées presque, que viennent renforcer des arômes de garrigue provençale et qui s'accordent bien à la cuisine méditerranéenne. Il faut les carafer une heure avant de passer à table, pour leur permettre de s'épanouir. Leur belle tenue, leur densité, leur côté généreux et ensoleillé font de ces rouges sans prétention d'agréables compagnons des dîners estivaux.

Avec des tagliatelles à la bolognaise

Vins rouges :
Cabardès
Côtes de provence
Chianti classico (Italie)
Valpolicella (Italie)
Montepulciano d'Abbruzzo (Italie)
Corvo de Sicile (Italie)

Vins rosés :
Côtes de provence
Les baux de provence
Cerasuolo d'Abbruzzo (Italie)

Avec les baux de provence rouge

Salade de pourpier,
tranche de foie gras de canard
Magret fumé, vinaigrette
à l'huile de truffe
Sardines en escabèche
Légumes farcis à la niçoise
Moussaka à la grecque
Fromages de chèvre (picodon demi-sec)

La sélection du sommelier

Château Romanin
Domaine Hauvette
Mas Sainte-Berthe

TAVEL

mesclun de salades au fromage de chèvre rôti

AOC
tavel
RÉGION
Vallée du Rhône
VIN ROSÉ
SUPERFICIE
950 ha
CÉPAGES
majoritaires :
grenache, syrah,
cinsault
auxiliaires :
clairette,
piquepoul,
calitor,
bourboulenc,
mourvèdre,
carignan

Il faut se méfier des apparences : une petite salade au fromage de chèvre semble bien inoffensive, mais représente un dangereux défi pour le vin. L'amertume de certaines variétés et l'acidité de l'assaisonnement risquent en effet de perturber singulièrement l'accord, malgré la présence apaisante du fromage de chèvre rôti.

D'une manière générale, les salades conviennent mal au vin. Il faut toutefois distinguer les différentes familles : les chicorées sont amères, la laitue et ses sœurs (batavia, romaine) montrent des saveurs plus douces, les petites feuilles (mâche, pourpier) paraissent plus tendres. Un mélange de petites salades aux textures souples permet de limiter les risques : mâche, pissenlit, trévise, feuille de chêne et pourpier mêlés constituent une base suffisamment variée pour être agréable. Quant au vinaigre, je préfère le remplacer par un filet de citron, moins violemment agressif, et miser plutôt pour l'assaisonnement sur l'huile, les fines herbes et un peu de jus de volaille qui adoucit l'ensemble. Le fromage de chèvre – un crottin ou un picodon demi-secs –, rôti quelques instants sous le gril du four, renforce l'intensité gustative du plat et permet, en fin de repas, de faire d'une pierre deux coups en dispensant de présenter successivement salade et plateau de fromages.

Mais la salade au fromage de chèvre pose un nouveau problème au moment du choix du vin. On pense d'abord à un blanc – sancerre ou sauvignon de Loire – qui s'accorderait bien au chèvre. La présence du mesclun m'incite plutôt à me tourner vers un rosé, qui supporte mieux l'acidité de l'assaisonnement. Encore faut-il, pour que la fraîcheur fruitée du vin ne heurte pas les saveurs acidulées du plat, choisir un rosé suffisamment ample et dense. Le tavel, rosé du sud de la vallée du Rhône, offre alors de nombreux avantages : arômes précis de groseilles macérées, puissance, bouche chaleureuse sans excès, volume généreux... Le tavel n'a rien d'un vin passe-partout : sa rondeur et sa vivacité désaltérante font de lui un compagnon très judicieux de cette salade, et de beaucoup de plats « difficiles » comme les mets épicés ou sucrés-salés. Selon l'usage, on sert le tavel plus ou moins frais (entre 10 ° et 12 °C), et l'on tient compte de son âge. Avec la salade, je le préfère plutôt jeune et servi frais, pour lui conserver son côté pulpeux et sa note de groseille caractéristique.

Avec une salade au chèvre rôti

Vins rosés :
Gigondas
Coteaux du languedoc
Vin de corse Calvi
Sancerre ou chinon
Côtes du jura « corail »

Vins blancs :
Sancerre
Pouilly-fumé
Menetou-salon
Châteauneuf-du-pape
Vin de pays d'oc (à base de sauvignon)

Avec un tavel

De 2 à 3 ans, servi à 10 °C :
Salade de moules et mesclun au vinaigre de framboise
Boudins créoles
Terrine de poisson
Terrine de volaille
Taboulé

De 4 à 6 ans, servi à 12 °C :
Poulet rôti
Saté de bœuf et autres plats asiatiques
Côte de porc charcutière
Fromages de chèvre ou de brebis

La sélection du sommelier

Château de Trinquevedel
Domaine de la Mordorée
Domaine Roc de l'Olivet
Domaine Verda

ANJOU-VILLAGES BRISSAC
tomme de brebis

AOC
anjou-villages brissac
RÉGION
Loire
VIN ROUGE
SUPERFICIE
100 ha
CÉPAGES
majoritaire : cabernet franc
auxiliaire : cabernet-sauvignon

Contrairement à une idée largement répandue, la plupart des fromages ne font pas très bon ménage avec les vins rouges tanniques ! La tomme de brebis est une exception à cette règle et permet des associations avec des vins rouges dont elle parvient à respecter la texture et à absorber la puissance.

Un peu de vin rouge avec le fromage ? Hélas ! le mariage se solde souvent par un fiasco et la sagesse incite alors à se tourner vers des vins blancs... Les tannins denses posent en effet problème, puisqu'ils se heurtent violemment à la plupart des fromages, pâtes cuites ou croûtes lavées, chèvres ou pâtes persillées. La tomme de brebis est l'un des rares fromages dont la texture fine et fondante parvient à maîtriser la puissance tannique des vins rouges. Voilà même un fromage qui n'apprécie guère les vins trop tendres ! Je l'aime beaucoup aux côtés d'un anjou-villages brissac, un cru que j'ai naguère découvert au Salon des vins de Loire. J'ai eu le privilège de voir naître cette appellation récente, dont j'ai suivi l'évolution avec attention. Le vin, jusque-là confondu avec l'anjou-villages, méritait en effet d'être reconnu comme une appellation à part entière. Élaboré essentiellement à base de cabernet franc dans le secteur de Brissac, en Anjou, il est généralement assez coloré, avec des notes de fruits noirs et rouges assez persistantes et un côté un peu végétal mais désaltérant, classique des cabernets. Il présente surtout une puissance et une densité supérieures à celles des anjou en général, et des tannins délicats mais bien marqués que la tomme de brebis parvient parfaitement à mettre en valeur. L'appellation étant encore récente (elle date de 1998), il est difficile de parler de son potentiel de garde, mais je parierais volontiers sur ses capacités à passer le cap des six ou sept ans.

Avec une tomme de brebis
Chinon rouge
Bourgueil rouge
Médoc
Saint-émilion
Irouléguy rouge
Cahors
Bergerac rouge
Pécharmant
Buzet rouge

Avec un anjou-villages brissac
Assiette de charcuterie
Pavé de bœuf grillé
Gigot d'agneau rôti
Navarin d'agneau
Chevreuil en sauce brune

La sélection du sommelier
Château de Montgueret
Domaine de Montgilet
Domaine des Bonnes Gagnes
Domaine des Charbotières
Domaine des Rochelles

CIDRE BRUT
camembert rôti aux pommes

Le camembert, peut-être le fromage le plus célèbre du monde, fait figure d'emblème : associé à un morceau de baguette et un verre de vin rouge, il symbolise même une espèce de France populaire et un peu désuète. Et pourtant, quelle difficulté que de l'associer à un vin rouge qu'il durcit et fait paraître amer !

Contrairement à l'opinion générale, le camembert, comme toutes les pâtes fleuries, n'aime pas spécialement le vin rouge ! Les blancs qui présentent de l'acidité et de l'onctuosité ont parfois un peu plus de chance, mais l'accord se révèle toujours imparfait. Pour échapper à cette difficulté, on peut tenter de préparer le fromage un peu différemment. Ici, il est débarrassé de sa croûte et tiédi dans un plat à four. La cuisson légère accentue le côté crémeux, mais fait évidemment ressortir le goût lactique, envoûtant et très aromatique du fromage, qu'il importe de calmer en accompagnant le plat. Quelques pommes cuites, rôties séparément en rosace ou séchées au four en tranches fines, vont alors apporter une aide précieuse en permettant de rechercher un accord sur le fruit. Et quelle boisson au goût de pommes pourrait alors mieux convenir qu'un cidre ?
Avec le camembert rôti, l'effervescence légère apporte une note aérienne qui aide à supporter l'intensité des arômes, et le fruité de la pomme s'accorde parfaitement aux saveurs de lait cru et de fourrage présentes dans le fromage. Avec ce plat, il faut choisir un cidre brut, qui n'est jamais exempt d'une certaine douceur. L'harmonie avec le cidre obéit alors à une logique parfaite : logique de terroir, logique dans le choix du fruit, et fraîcheur aromatique de la boisson qui équilibre à merveille la puissance du camembert.

Avec un camembert rôti aux pommes
Champagne brut
Saumur brut
Cava, vin effervescent de Catalogne (Espagne)
Asti spumante sec (Italie)

Avec un cidre
Brut :
Salade d'endives, dés de pommes et raisins secs
Volaille du pays d'Auge en sauce à la crème et au cidre, riz blanc
Lapin au cidre
Crêpes de sarrasin (jambon blanc, gruyère)
Andouillette en sauce au cidre
Doux :
Desserts à base de pommes : tarte aux pommes, tarte Tatin, granité à la pomme, pommes au four au sucre et glace vanille
Desserts à base de poires : tarte aux poires, tarte Bourdaloue aux amandes, charlotte aux poires et crème anglaise
Diplomate aux fruits confits
Crêpes sucrées aux fruits ou flambées (éviter le chocolat)
Omelette norvégienne vanille-praliné

La sélection du sommelier
Le Père Jules
Château de Hauteville
Domaine Louis Dupont
Les Vergers du Pays d'Auge
Manoir La Brière des Fontaines
Christian Drouin SA

CHAMPAGNE ROSÉ
feuilleté au fromage de Langres

AOC
champagne
RÉGION
Champagne
VIN ROSÉ
EFFERVESCENT
l'AOC produit aussi des blancs effervescents secs ou moelleux
SUPERFICIE
31 000 ha au total pour l'AOC
CÉPAGES
pinot noir, pinot meunier, chardonnay

L'intérêt de cette recette tient au contraste entre le feuilletage et le fromage : le premier – que l'on cuit auparavant – doit être croustillant, doré et bien chaud ; le second – débarrassé de sa croûte et chauffé au four au dernier moment – doit être crémeux, fondant et tiède. On pourra alors envisager de servir du vin aux côtés de ce langres aux arômes si puissants.

L'intensité aromatique du langres l'écarte d'ordinaire de la compagnie du vin, le rouge en particulier, qu'il rend métallique, dur et amer. Cette préparation, savamment mise en scène, joue sur l'opposition entre les notes viennoisées du feuilletage et la saveur maîtrisée du fromage. Texture, goût et température doivent en effet être calculés pour qu'un accord avec le vin devienne envisageable. Il me faut avouer ici que c'est en partant du champagne, et non du plat, que j'ai apprécié cette combinaison de saveurs. Le métier de sommelier demande de la volonté créative, et j'ai eu maintes occasions de mettre en scène un champagne d'un bout à l'autre d'un repas. Le problème vient bien sûr de la multitude des champagnes : rosé, blanc de blancs, blanc de noirs, brut ou non ; toutefois cette diversité permet aussi de nombreuses expériences et approches gustatives. Avec ce feuilleté au langres, un champagne rosé constitue incontestablement la solution la plus satisfaisante : non seulement la bulle fine apporte une note aérienne et désaltérante très bienvenue, mais la texture dense (que donne le pinot noir), les arômes de groseille et de reine-claude du rosé offrent des possibilités de persistance en bouche plus importantes. Plus qu'un champagne ordinaire, c'est donc un champagne rosé qui va résister sans heurt au fromage de langres. Il faudra le servir frais, mais surtout pas glacé, pour ne pas créer une trop forte opposition avec la chaleur du plat. Une température de 10 °C permettra en outre au champagne d'avoir du volume : cela lui évitera de paraître étriqué face à la puissance du langres.

Avec un feuilleté au fromage de Langres
Crémant de loire rosé
Marsannay rosé
Tavel
Bandol rosé

Avec un champagne rosé
Salade de crevettes au paprika
Gambas décortiquées chaudes, sauce au paprika
Sandre ou brochet rôtis au jus de viande
Rougets grillés, sauce rouille
Bouillabaisse
Tomme de brebis, fromages de chèvre (sauf cendrés) demi-secs ou secs
Mousse de fruits rouges
Bombe glacée à la framboise
Fraisier
Gratin de fruits rouges

La sélection du sommelier
Billecart-Salmon
Bollinger
Deutz
Gosset
Krug
Taittinger
Perrier Jouet

SAUTERNES

tarte aux poires et au roquefort

AOC
sauternes
RÉGION
Bordeaux
VIN BLANC
LIQUOREUX
SUPERFICIE
1 650 ha
CÉPAGES
majoritaire :
sémillon
auxiliaires :
sauvignon,
muscadelle

Voici une façon astucieuse de terminer un repas, en associant dans un même plat le fromage et le dessert ! Cette recette très originale appartient d'ailleurs autant aux « desserts salés » qu'aux « entrées chaudes sucrées ». L'accord poire-fromage sur viennoiserie joue ici les contrastes avec une belle complexité aromatique.

J'ai de l'inclination pour cette tarte friande : elle associe sans complexe une pâte fine et croustillante, des poires en morceaux à peine cuites et sucrées et de fines lamelles de roquefort qu'on ajoute au dernier moment pour les laisser fondre dans les interstices qu'ont laissés les fruits rétractés à la cuisson. Le résultat est un sommet d'onctuosité et de délicatesse, surtout si l'on a choisi des poires un peu juteuses mais qui croquent encore. Il faut dans la bouche sentir la chair granuleuse du fruit en même temps que la crème fondante et aromatique du roquefort chaud. Ce plat presque saturé d'arômes doit trouver dans le vin un compagnon à la hauteur, dont le tempérament expressif respecte le côté naturellement acidulé de la tarte et dont le volume de texture refusera de se laisser dominer par l'onctuosité du plat.

Le choix du sauternes s'impose presque ici. D'autres liquoreux peuvent évidemment convenir, mais bien peu sauront établir avec la tarte une telle complicité. C'est d'ailleurs dans le Sauternais que j'ai découvert le plat, et je n'ai pas résisté à la séduction de l'ensemble. J'aime les grands sauternes pour leur équilibre : arômes épanouis du sauvignon, texture dense du sémillon et fantaisie apportée par la muscadelle. Suprêmement raffiné, le sauternes ne consent pas à n'importe quel mariage. Ses notes confites, miellées, ses touches de cannelle, de caramel et d'agrumes, sa puissance et son ampleur en font un vin capiteux et complexe qu'il faut savoir attendre – dix ans dans la plupart des cas – et réserver aux belles occasions. On fait souvent l'erreur de le servir avec un dessert trop sucré : la surenchère guette, et l'association paraît écœurante. Il faut au contraire miser sur des harmonies plus élaborées et des saveurs relevées : le sauternes aime la compagnie d'un curry léger, d'une sauce au safran ou au gingembre. Il convient particulièrement bien aux fromages à pâte persillée, comme dans cette tarte aux poires et au roquefort. J'aime le carafer, pour profiter de sa robe dorée, et je ne le sers pas trop froid (10 °C) afin de laisser s'exprimer son côté liquoreux. Alors, quelle intensité et quelle élégance !

Avec une tarte aux poires et au roquefort
Barsac
Cadillac
Loupiac
Sainte-croix-du-mont
Pacherenc du vic-bilh moelleux
Alsace riesling sélection de grains nobles
Vouvray moelleux
Sémillon botrytis de Victoria (Australie)
Vin de Constance (Afrique du Sud)

Avec un sauternes
De moins de 10 ans :
Foie gras sur toasts
Gougères au safran
Homard rôti sauce aux agrumes
Roquefort, fromages à pâte persillée
Salade de fruits exotiques, glace aux châtaignes et tuiles au gingembre
Diplomate aux fruits confits et pain d'épices
Pithiviers
De plus de 10 ans :
Ris de veau aux morilles
Médaillons de veau en sauce au sauternes et à la truffe
Volaille fermière rôtie au citron confit

La sélection du sommelier
Château Raymond-Lafon
Château de Rayne Vigneau
Château d'Yquem
Château Gillette
Château Lafaurie-Peyraguey
Château Rieussec
Barsac :
Château Climens
Château Doisy Daëne
Château Nairac

ALSACE GEWURZTRAMINER VENDANGES TARDIVES
tarte aux pommes aux effluves de citron

AOC
alsace gewurztraminer
RÉGION
Alsace
VIN BLANC VENDANGES TARDIVES
l'AOC produit surtout des blancs secs
SUPERFICIE
2 500 ha
CÉPAGE
gewurztraminer

La réussite de cette tarte aux pommes tient au juste dosage entre le sucré et l'acide : le citron ne doit jamais dominer les pommes, mais seulement apporter à ce dessert une note acidulée empreinte de personnalité. Le vin, lui, devra respecter cet équilibre, sans faire montre de sucrosité excessive.

Seules des pommes fermes et douces conviennent pour cette recette : ma préférence va aux royal gala, aux reines des reinettes et autres reinettes clochard, qui tiennent si bien à la cuisson. Avant de les disposer sur le fond de pâte brisée, je frotte les fruits avec le citron. Ainsi l'acidité de l'agrume peut-elle se montrer présente, sans excès. Je taille aussi les pommes en moitiés, plutôt qu'en tranches fines, comme pour une tarte Tatin. L'épaisseur du fruit permet alors une cuisson lente, qui donne à l'ensemble une texture plus fondante. Un peu de beurre et de sucre sur le dessus des fruits juste avant de mettre au four, et le tour est joué ! On peut aussi, si l'on aime un dessert plus acidulé, ajouter quelques zestes de citron râpé juste avant de servir.

La complicité avec le vin ne peut s'établir qu'avec quelques précautions : pour ne pas paraître écœurant, le mariage ne doit pas être trop sucré. C'est pourquoi ma préférence ici va à un alsace gewurztraminer en version vendanges tardives. Ses arômes magnifiques de fruits exotiques (litchi, mangue, papaye), d'agrumes confits, de rose et de poire se montrent envoûtants. Sa note épicée – c'est précisément le sens du mot « gewurz » – lui donne de la race et sa densité en sucre oblige à l'accompagner d'un dessert un peu acidulé. C'est à cette condition que le gewurztraminer pourra exprimer toute sa palette aromatique ; en bouche, on doit retrouver, après l'attaque onctueuse, une sucrosité certaine, mais suivie immédiatement par une touche de fraîcheur que l'alliance avec la tarte aux pommes met en relief. L'harmonie se révèle totale, surtout si l'on a eu soin de rafraîchir le vin suffisamment (vers 8 ° ou 9 °C) pour qu'il laisse découvrir, avec beaucoup de raffinement, la note presque croquante de ses parfums de fruits.

Avec une tarte aux pommes aux effluves de citron
Jurançon moelleux
Pacherenc du vic-bilh moelleux
Alsace muscat vendanges tardives
Vins de Loire moelleux : jasnières, anjou-coteaux de la loire, montlouis, vouvray

Avec un gewurztraminer vendanges tardives
Foie gras de canard d'Alsace mi-cuit, poêlé, accompagné de pommes cuites et mangues, poivre blanc
Fourme d'ambert, bleu de bresse, munster
Tarte à la mangue
Tarte au citron
Soupe de litchis
Sorbet aux fruits exotiques
Sorbet aux poires
Charlotte glacée à la poire
Vacherin à la mangue

La sélection du sommelier
Cave de Pfaffenheim
Domaine Blanck et Fils
Domaine Seppi Landemann

BONNEZEAUX
tarte aux mirabelles

AOC
bonnezeaux
RÉGION
Loire
VIN BLANC
LIQUOREUX
SUPERFICIE
120 ha
CÉPAGE
chenin

J'aime beaucoup la tarte aux mirabelles, avec sa belle couleur safranée, la texture un peu épaisse de la peau et la chair fondante des fruits ! Mais attention : la forte personnalité de ce dessert met à l'écart les vins qui manquent de longueur !

Une bonne tarte aux mirabelles n'est guère facile à réussir : la pâte sablée risque d'être détrempée par le jus des fruits, et la crème pâtissière à la vanille qui sert de lit aux mirabelles ne doit pas être trop sucrée afin de conserver l'acidité de la mirabelle. L'idéal, pour accompagner ce dessert, est un blanc liquoreux, dense en sucre, mais qui conserve une finale fraîche. On peut alors parier sur une belle complicité entre les parfums maîtrisés de viennoiserie, de fruit et de vanille de la tarte servie froide, et les arômes de fruits à noyau, de miel et de minéralité d'un bonnezeaux. J'apprécie beaucoup cette appellation, qui a récemment fêté ses cinquante ans d'existence. Aux côtés d'une tarte aux mirabelles, on a souvent coutume de servir une eau-de-vie blanche, mais un bonnezeaux, plus original, peut jouer les accords complémentaires : parfums de fruits qui se répondent, arômes de miel, sucrosité dense, puissance aromatique et minéralité pleine de fraîcheur sont les atouts majeurs de ce mariage énergique. En bouche, les textures se complètent harmonieusement : la viscosité du vin crée le lien entre l'onctuosité de la crème et le fondant juteux des fruits. Les combinaisons aromatiques se révèlent alors sans se heurter, avec un côté désaltérant qui, en fin de repas, apparaît comme un vrai régal. Il ne faut pas hésiter à conserver un bonnezeaux : j'ai goûté récemment une bouteille vieille d'un demi-siècle qui m'a laissé enchanté !

Avec une tarte aux mirabelles

Vins moelleux ou liquoreux :
Coteaux de l'aubance
Alsace tokay-pinot gris, sélection de grains nobles
Vins doux naturels :
Muscat de beaumes-de-venise
Eaux-de-vie :
Mirabelle de Lorraine
Quetsche, prune

Avec un bonnezeaux

Terrine de foie gras de canard
Suprême de poularde au foie gras
Roquefort, chabichou fondant sur pain grillé, saint-marcellin affiné
Salade de fruits exotiques
Tarte aux fruits exotiques
Sabayon de fruits exotiques aux zestes d'agrumes
Soupe de melon aux graines de coriandre
Crème brûlée à la vanille
Glace vanille, caramel, praliné, fruits exotiques (ni fruits rouges, ni café, ni chocolat)

La sélection du sommelier

Château de Fesles
Domaine de Terre Brune
Domaine des Gagneries
Domaine des Petits Quarts
Domaine René Renou

MUSCAT DU CAP CORSE

tarte au citron

AOC
muscat du cap corse
RÉGION
Corse
VIN DOUX NATUREL
SUPERFICIE
84 ha
CÉPAGE
muscat blanc

La tarte au citron constitue un dessert franchement difficile à marier, qui oppose deux types de textures – la consistance de la pâte sablée et le moelleux de la garniture – et dont le parfum de citron très prononcé paraît presque anesthésiant.

Dans la tarte au citron, c'est évidemment l'astringence du fruit qui pose le problème principal : l'acidité et la persistance de son goût risquent de se montrer fatals pour le vin qui accompagne ce dessert par ailleurs délicieux et raffiné. On peut en partie résoudre la difficulté en recouvrant la tarte d'une meringue légère, qui va limiter la diffusion des arômes. La recherche d'un accord avec un vin doit donc prendre en compte cet élément important. Dans tous les cas, le vin doit avoir de la puissance aromatique et une texture qui rappelle celle de la garniture au citron par sa viscosité. La plupart des muscats répondent à ces exigences. Ce sont des vins doux naturels, issus de cépage muscat, dont le cours de la fermentation a été bloqué par l'ajout d'alcool : ainsi le sucre résiduel – qui n'a pas été transformé par la fermentation – reste-t-il intégré dans le vin.
Avec une tarte au citron meringuée, c'est au muscat du cap corse que va ma préférence. Ce vin possède l'onctuosité et l'alcool nécessaire, mais il se singularise aussi par ses arômes d'agrumes marqués. Ce fruité élégant s'établit sur des notes qui rappellent celles du dessert, tout en tempérant harmonieusement la fraîcheur acidulée de l'appareil au citron. Voici un exemple quasi parfait de complicité : les produits se mêlent sans perdre leur âme. Leur viscosité s'efface de la même façon : tandis que le dessert se fait fluide au palais, la texture du vin se liquéfie sous l'effet de la chaleur. La pâte sablée croquante et la meringue veloutée apportent, elles, des textures différentes, dans une alliance subtile que j'aime beaucoup. Je ne renie pas non plus la tarte au citron toute simple, sans meringue. Là, les parfums se font carrément envoûtants, et il faut choisir des vins doux naturels un peu plus charpentés pour affronter une telle violence gustative.

Avec une tarte au citron
Meringuée :
Muscat de beaumes-de-venise
Muscat de mireval
Muscat de frontignan
Muscat de lunel
Muscat de Lipari (Italie)
Muscat de Pantelleria (Italie)
Alsace gewurztraminer vendanges tardives
Côtes du jura vin de paille
Non meringuée :
Muscat de rivesaltes
Muscat de saint-jean-de-minervois

Avec un muscat du cap corse
Foie gras cru à la fleur de sel
Fromages à pâte persillée
Tarte aux agrumes : cédrat, orange, pamplemousse
Soufflé au grand-marnier

La sélection du sommelier
Clos Nicrosi
Domaine Arena
Domaine Gentile
Domaine Leccia
Domaine Pierretti

CÔTES DU JURA VIN DE PAILLE
zestes d'orange au chocolat noir

AOC
côtes du jura
RÉGION
Jura
VIN LIQUOREUX
SUPERFICIE
619 ha
CÉPAGES
majoritaire : savagnin
auxiliaires : chardonnay, poulsard, trousseau, pinot noir

Les zestes d'orange confite trempés dans du chocolat noir tiennent plus de la gourmandise que du dessert. On en saisit un avec les doigts, on s'en délecte, on bavarde avant d'en reprendre un autre : il faut du temps pour profiter de cette friandise !

Souvent appelés « orangettes » ou « sarments de vigne » (par référence à leurs formes tortueuses), les zestes d'orange au chocolat noir trouvent difficilement leur compagnon de table. C'est qu'il faut compter avec l'amertume et la note torréfiée du chocolat, mais aussi avec l'acidité un peu rugueuse et la note confite du zeste d'orange, le tout dans un ensemble de textures qui fait alterner moelleux, fondant et croquant ! Voilà une somme de difficultés qui doit écarter les vins trop tendres, car la persistance des zestes d'orange réclame un vin plein de personnalité, long en bouche et doté d'une sucrosité suffisante. À la vérité, peu me semblent convenir, en dehors de certains vins doux naturels particulièrement résistants.

Mon goût me porte plus volontiers vers une harmonie plus rare encore, plus complexe et assez éloignée de toute idée de douceur : un vin de paille du Jura. Un mot pourrait résumer ce vin : indomptable ! Son élaboration déjà lui donne sa singularité : les raisins (rouges et blancs) sont mis à sécher pendant deux mois sur des claies qui, à l'origine, étaient en paille. La fermentation dure ensuite longtemps, à cause du fort taux de sucre contenu dans les grains, et les vins prennent un caractère oxydatif qui évoque les fruits secs. Presque toujours conditionné en demi-bouteille, le vin de paille est en lui-même une gourmandise à savourer lentement, et c'est pourquoi il s'accorde si bien aux zestes d'orange. Sa densité en alcool et en sucre, ses notes confites d'agrumes, de pomme et d'épices en font un produit très intéressant mais difficile à associer. Pour moi, il s'agit presque d'un vin de méditation. J'aime le boire en fin de repas, à l'heure où les convives rassasiés s'éternisent pour refaire le monde... L'essentiel, dans cette alliance peu commune, consiste à savoir prendre son temps : on grignote une orangette et on boit une lampée. L'expérience relève de la pure sensualité.

Avec un côtes du jura vin de paille
Fromage : picodon servi avec des raisins secs et un pain au miel
Île flottante

Avec des zestes d'orange au chocolat noir
Banyuls
Maury
Rasteau
Mavrodathne de Patras (Grèce)
Porto tawny
Malvoisie de Madère

La sélection du sommelier
Château d'Arlay
Domaine Badoz
Domaine Rousselot Pailley
Domaine Labet Père et Fils

BANYULS

fondant moelleux au chocolat noir

AOC
banyuls
RÉGION
Roussillon
VIN DOUX NATUREL
SUPERFICIE
1 400 ha
CÉPAGES
majoritaire : grenache noir
auxiliaires : grenache gris, carignan, macabeu

Le fondant réserve des surprises : texture ferme, presque craquante, à l'extérieur, et délicieuse onctuosité à l'intérieur permettent au cacao de se décliner sous deux aspects différents. Ce dessert classique, à la saveur très puissante, peut aussi être agrémenté d'une sauce à l'arabica ou de quelques cerises confites.

Le chocolat noir, source de tant de desserts dans la tradition gastronomique française, n'a pourtant rien de facile. Son amertume et ses notes torréfiées très affirmées le rendent difficile à assortir et peu de boissons sont capables de dompter ses arômes sans les écraser. Quelques accords – avec le rhum vieux, le marc ou l'eau-de-vie de framboise – ont pourtant fait leurs preuves. Les vins liquoreux blancs ne conviennent pas du tout, car l'intensité envoûtante du chocolat a tendance à faire disparaître le vin. Mais les meilleurs complices du chocolat noir restent les vins doux naturels rouges, qui savent dominer l'amertume tout en gardant l'expression du fruit à l'eau-de-vie. Les notes de confit et de torréfaction complètent l'harmonie aromatique.

L'accord entre banyuls et chocolat est depuis longtemps consacré. Élaboré dans l'extrême sud de la France, aux marges de l'Espagne, le banyuls tire son énergie minérale des embruns de la Méditerranée qui viennent baigner le vignoble. Le vin y gagne aussi une saveur presque iodée qui fait de lui le compagnon étonnant de certains crustacés rôtis : je me souviens avec émotion d'un homard rôti au banyuls dégusté chez Jean Bardet... Le vin présente des arômes un peu kirschés et une densité sucrée très séduisante, rafraîchie par l'eau-de-vie qui lui est intégrée, ce qui rend l'ensemble très digeste. Certes, il ne faut pas en abuser, mais le banyuls est une vraie leçon de plaisir. Il en existe plusieurs sortes, et l'on choisira l'une ou l'autre en fonction du dessert. Si le fondant au chocolat noir est associé à une crème au café, je préfère un banyuls de type rancio avec un peu d'âge ; si le dessert est accompagné de fruits rouges, des griottes par exemple, ma préférence va à un vintage de deux ou trois ans, pour que la liqueur de fruit du vin se rapproche du mets. Le banyuls reste de toute façon un vin exceptionnel ; il faut en général le décanter, pour le débarrasser de son dépôt, et pour profiter des teintes magnifiques de sa robe, qui vont de l'ambre à la tuile patinée.

Avec un fondant moelleux au chocolat noir
Maury
Rasteau
Porto

Avec un banyuls
Foie gras en terrine
Homard rôti au banyuls
Faisan rôti au banyuls
Roquefort et autres pâtes persillées
Mousse au chocolat noir
Crème renversée
Pruneaux au vin
Tarte aux pruneaux
Tiramisú

La sélection du sommelier
Cave l'Étoile
Domaine de la Rectorie
Domaine Mas Blanc
Domaine Vial-Magnères

MUSCAT DE MIREVAL

sorbets aux fruits exotiques

AOC
muscat de mireval
RÉGION
Languedoc
VIN DOUX NATUREL
SUPERFICIE
260 ha
CÉPAGE
muscat

Mangue, ananas, litchi, banane ou même mandarine : les sorbets de fruits exotiques offrent en fin de repas une fraîcheur acidulée fort bienvenue. Pour qu'ils ne paraissent pas trop fluides, j'aime les accompagner d'une petite tuile aux agrumes et aux amandes, qui apporte sa touche de croquant.

Il est agréable de terminer un repas, surtout s'il a été copieux, sur une note vraiment rafraîchissante. Les sorbets ont l'avantage de paraître toujours frais, peu sucrés et légers, puisqu'ils sont à base d'eau et de fruits. Avec ce dessert, c'est le vin qui doit apporter le sucre. L'accord ne pourra cependant être vraiment satisfaisant que si les arômes du vin se révèlent franchement fruités. Les muscats sont donc les bienvenus, car on y retrouve intact le goût du raisin frais, dont la fermentation a été interrompue par l'ajout d'alcool. L'harmonie s'établit sans problème avec un muscat de mireval ; cette petite appellation proche de Montpellier produit, sur une base de muscat à petits grains, des vins extrêmement fruités et d'une sucrosité suffisante pour accompagner les sorbets. Ce sont des vins plutôt tendres que l'on croque presque : leur saveur très pure de raisin, soutenue par un alcool fin, sert de révélateur aromatique. L'erreur consisterait à les déguster sur des desserts trop sucrés, qui feraient de la surenchère. Avec des sorbets aux fruits exotiques, je préfère choisir un muscat de mireval jeune, d'un an ou deux, qu'il faut servir à une température de 7 ° ou 8 °C pour qu'il ne paraisse pas chaud auprès du dessert glacé. Mais il n'est pas interdit de faire vieillir ces vins originaux, qui prennent avec l'âge des notes plus épicées et confites, et accompagnent avec beaucoup de bonheur certains mets salés.

Avec un sorbet aux fruits exotiques
Barsac
Loupiac
Sainte-croix-du-mont
Alsace muscat sélection de grains nobles
Alsace Gewurztraminer
Alsace Riesling
Vino santo de Toscane (Italie)
Trockenbeerenausle (Allemagne)
Eiswein (vin de glace)
de Moselle ou du Palatinat (Allemagne)
Vin de glace du secteur de Niagara
(Canada)

Avec un muscat de mireval
Canard aux pêches
Foie gras aux figues ou aux abricots secs, pain aux amandes
Fromage : pélardon des Cévennes sec à l'huile d'olive
Agrumes confits
Crème brûlée au gingembre
Crème renversée
Nougat glacé
Tiramisú

La sélection du sommelier
Domaine de la Capelle
Domaine du Moulinas
Domaine du Mas Neuf

Agneau en tapenade, tomates confites

1 selle d'agneau entière désossée
(dite selle anglaise),
100 g de tapenade d'olives noires,
5 cl d'huile d'olive, 25 g de beurre,
10 petites tomates fraîches bien mûres,
12 cl de bouillon de viande,
thym effeuillé,
sel, poivre.

Poser la selle d'agneau à plat sur le plan de travail, tartiner l'intérieur de tapenade, saupoudrer de thym. Rouler la selle et la ficeler pour former un rôti. Poser ce rôti dans un plat à four avec l'huile d'olive et le beurre, glisser à four chaud (220 °C, th. 7). Quand la viande a pris couleur, la retourner et l'arroser généreusement de graisse de cuisson (compter 12 mn de cuisson par livre de viande).
Cinq minutes avant la fin de la cuisson, disposer les tomates autour de la selle. En fin de cuisson, faire un jus : retirer la selle, dégraisser légèrement le plat, ajouter un verre d'eau. Faire bouillir et vérifier l'assaisonnement. Servir la viande avec les tomates confites et le jus.

Andouillette pommes pont-neuf

6 andouillettes à la ficelle 5A,
1 filet d'huile,
1 verre de vin blanc (petit chablis par exemple),
1 oignon, poivre.

Disposer les andouillettes huilées sur un lit d'oignons finement émincés, glisser à four très chaud 15 à 20 mn. Retourner les andouillettes plusieurs fois (les oignons doivent confire dans la graisse des andouillettes). Verser le vin blanc en plusieurs fois dans le plat. Poivrer mais ne pas saler.
Servir les andouillettes avec des pommes pont-neuf, grosses frites de 1 cm de côté, bien dorées, mais dont le cœur garde un bon goût de pomme de terre.

Asperges tièdes sauce gribiche

24 asperges, gros sel.
POUR LA SAUCE :
1 œuf dur,
1 cuil. à café de moutarde,
20 cl d'huile,
2 cuil. à soupe de câpres,
1 échalote hachée,
2 cuil. à soupe de fines herbes hachées
(cerfeuil, estragon, ciboulette),
vinaigre blanc, sel, poivre.

Éplucher les asperges, les faire cuire dans une grande quantité d'eau bouillante salée. Les égoutter sur un linge.
La sauce : mélanger le jaune d'œuf dur avec la moutarde, incorporer l'huile petit à petit en fouettant. Ajouter le blanc d'œuf dur haché, les câpres, les fines herbes et l'échalote. Saler, poivrer, détendre la sauce avec un filet de vinaigre blanc.

Blanquette de veau à l'ancienne

1,5 kg d'épaule de veau en gros cubes,
1 carotte, 1 poireau,
1 oignon piqué de clous de girofle,
1 bouquet garni
(queues de persil, thym, laurier, céleri),
70 g de farine,
70 g de beurre,
200 g de petits oignons,
200 g de champignons de Paris, 1/2 citron,
20 cl de crème fraîche, sucre, sel, poivre.

Poser la viande dans une grande casserole et couvrir d'eau froide. Porter à ébullition, écumer et laisser cuire 5 mn. Ajouter les légumes, le bouquet garni, puis laisser frémir 40 à 45 mn. Pendant ce temps, essuyer et émincer les champignons, les cuire dans une eau citronnée. Cuire les petits oignons dans une casserole avec une noisette de beurre, 1 pincée de sucre et de sel.
Réaliser un roux avec le beurre et la farine. Quand la viande est cuite, prélever 1,5 l de bouillon de cuisson pour mouiller le roux. Laisser cuire 10 mn à ébullition puis ajouter la crème. Avec une écumoire, prélever la viande et la mettre dans la sauce avec les champignons et les petits oignons. Laisser mijoter une dizaine de minutes. Au dernier moment, relever la sauce de quelques gouttes de jus de citron.
La sauce peut être enrichie d'un jaune d'œuf délayé dans une cuil. à soupe de crème fraîche. Dans ce cas, prendre garde à ne plus faire bouillir la préparation.

Brandade de morue

600 g de morue en filet,
1 pomme de terre,
1 dl de lait, 3 dl d'huile d'olive,
1 gousse d'ail, 1 citron, poivre.

Faire tremper la morue 12 h en changeant d'eau plusieurs fois. Ôter la peau et les arêtes. Mettre la morue dans une marmite, couvrir d'eau froide et laisser cuire à feu très doux 15 mn. Égoutter et réduire en pâte fine dans un mortier. Ajouter la pomme de terre cuite, une gousse d'ail écrasées, incorporer l'huile en mince filet, puis le lait, sans arrêter de travailler la pâte. Ajouter quelques gouttes de jus de citron et du poivre blanc.
La brandade se sert tiède avec des croûtons frits. Pour travailler la brandade, huile et lait doivent être tièdes.

Cabri rôti aux châtaignes

1/2 chevreau,
800 g de châtaignes épluchées,
5 tomates,
5 cl d'huile d'olive,
2 têtes d'ail,
thym, serpolet, romarin, sarriette,
sel, poivre.

Badigeonner le cabri avec l'huile et les aromates, le poser sur la lèchefrite du four. Ajouter les têtes d'ail coupées en deux et les tomates, saler et poivrer généreusement. Glisser à four chaud (210 °C, th. 7) et arroser régulièrement la viande avec le jus de cuisson. Compter 30 à 40 mn de cuisson. Au dernier moment, ajouter les châtaignes épluchées pour les confire dans le jus.
Si la viande venait à colorer trop rapidement, la couvrir avec une feuille d'aluminium.

Caille aux raisins

6 cailles,
6 bardes de lard,
300 g de gros raisins noirs,
2 cuil. à soupe de verjus,
10 cl de bouillon de volaille,
1 cuil. à soupe d'huile,
25 g de beurre,
1 petit oignon, sel, poivre.

Entourer les cailles d'une barde de lard, les faire colorer dans une cocotte avec une noisette de beurre et un filet d'huile pendant 10 à 15 mn. Ajouter l'oignon finement haché. Déglacer la cocotte avec le verjus puis ajouter le bouillon, laisser cuire à couvert 15 à 20 mn. Trois minutes avant la fin, ajouter les grains de raisin.

Les recettes sont données pour 6 personnes

Camembert rôti aux pommes

1 camembert,
3 pommes,
20 g de beurre,
6 tranches de pain de campagne.

Tailler les pommes en quartiers. Faire rôtir 3 mn de chaque côté dans le beurre chaud. Retirer la croûte du camembert. Le faire tiédir au four (180 °C, th. 6) pendant 5 mn.
Répartir les quartiers de pommes rôties sur les tranches de pain, napper généreusement d'une cuil. de fromage crémeux.

Canard aux navets

1 canette de 1,5 kg,
1 kg de navets nouveaux,
125 g de petits oignons,
5 cl de vin blanc,
25 cl de bouillon de volaille,
5 cl de madère,
huile, beurre,
sucre, sel, poivre.

Faire rôtir le canard ficelé et assaisonné dans une cocotte. Quand il est bien doré, ajouter les petits oignons, laisser roussir, mouiller avec le madère, le vin blanc et le bouillon de volaille. Couvrir et laisser mijoter pendant 50 mn en arrosant régulièrement avec le jus de cuisson.
Pendant ce temps, mettre les navets épluchés et coupés en quatre dans une casserole, mouiller avec de l'eau jusqu'à hauteur. Ajouter une noix de beurre, 2 pincées de sel et 1 cuil. à café de sucre, laisser cuire jusqu'à complète évaporation.
Cinq minutes avant la fin de la cuisson du canard, verser les navets dans la cocotte et les laisser confire dans le jus.

Chausson de foie gras truffé

1 rouleau de pâte feuilletée,
6 petites truffes,
160 g de foie gras,
1 œuf battu,
sel, poivre.

Avec un emporte-pièce, découper des cercles de pâte feuilletée de 10 cm de diamètre, badigeonner les bords avec un peu d'œuf battu. Disposer au centre une lamelle de foie gras surmontée d'une truffe ; refermer les chaussons ; souder les bords en appuyant du bout des doigts. Passer un peu d'œuf sur chaque chausson. Faire cuire 20 mn à four moyen (180 °C, th. 6).

Chevreuil grand veneur, chips de céleri

900 g de filet de chevreuil
ou 12 côtelettes de chevreuil,
1 pincée de feuilles de thym,
5 g de baies de genièvre,
5 g de grains de poivre,
5 g de grains de coriandre,
1 feuille de laurier,
1 trait de vinaigre de vin,
1 filet d'huile, sel.

POUR LA SAUCE GRAND VENEUR :

25 cl de sauce poivrade (fond de gibier réduit, à défaut utiliser un bouillon de viande corsé),
1 cuil. de gelée de groseille,
5 cl de crème fraîche,
sel, poivre.

POUR LES CHIPS DE CÉLERI :

1 céleri rave,
1 cuil. à soupe de farine,
huile de friture.

La veille, dans une terrine couverte d'un film alimentaire, faire mariner, pendant une nuit, le filet de chevreuil avec les épices moulues, le vinaigre, le trait d'armagnac et l'huile. Cette marinade très courte doit juste enrober la viande.
Le lendemain, faire rôtir le filet de chevreuil dans une poêle dans de l'huile et le beurre. Avant de la trancher, réserver quelques minutes sur une assiette au chaud pour que la viande se détende.

LA SAUCE GRAND VENEUR :

Faire chauffer la poivrade, ajouter la gelée de groseille puis la crème fraîche. Vérifier l'assaisonnement, mettre la sauce en saucière. On peut ajouter, au dernier moment, quelques baies de groseilles fraîches.

LES CHIPS DE CÉLERI :

Couper le bulbe de céleri en quatre, arrondir les angles pour former des sortes de gros bouchons, les tailler en fines tranches de 2 mm d'épaisseur. Passer les tranches de céleri dans la farine, les secouer pour en retirer l'excédent. Les plonger dans l'huile bouillante pour les faire frire. Dès qu'elles sont dorées, égoutter sur du papier absorbant, saler très légèrement.

Chou farci aux épices douces

1 chou vert,
250 g de riz rond,
1 oignon,
1 gousse d'ail,
10 cl d'huile,
10 cl de bouillon de viande,
1 cuil. à soupe de paprika,
1 cuil. à café de cannelle, sel, poivre.

Faire blanchir les feuilles de chou dans une casserole d'eau salée.
Faire revenir l'oignon haché et la gousse d'ail écrasée dans de l'huile. Ajouter le riz, mélanger jusqu'à ce que tous les grains deviennent légèrement translucides. Ajouter les épices, assaisonner et mouiller avec 2 verres d'eau. Laisser cuire à feu très doux 10 mn sans cesser de mélanger en rajoutant un petit peu d'eau si nécessaire.
Chemiser une cocotte avec les feuilles de chou blanchies, déposer dessus un peu de riz puis une couche de feuilles puis de nouveau du riz. Fermer la préparation avec de belles feuilles de chou. Mouiller avec le bouillon et un verre d'eau, couvrir et laisser cuire à four doux (170-180 °C, th. 6) pendant 30 mn. Servir dans la cocotte.

Civet de biche aux champignons

1,3 kg de biche
(morceaux d'épaule, poitrine ou collier),
1 carotte, 1 oignon,
1 cuil. à soupe de farine,
15 cl de sang de porc,
1 échalote,
1 l de bon vin rouge,
2 gousses d'ail,
cognac, 5 cl de vinaigre,
2 cl d'huile,
1 bouquet garni
(thym, laurier, céleri, queues de persil).

Mettre tous les morceaux de viande dans un plat avec les légumes détaillés en gros dés, ajouter le vin rouge, un filet d'huile et un trait de cognac. Laisser macérer 24 h au froid.
Le lendemain, égoutter la viande et la faire revenir dans une cocotte avec un peu d'huile. Ajouter les légumes et laisser caraméliser.
Pendant ce temps, faire bouillir la marinade ; à la première ébullition, écumer et passer au chinois fin.

Les recettes sont données pour 6 personnes

Saupoudrer la viande et les légumes d'une cuil. à soupe de farine. Bien mélanger avant d'ajouter la marinade, le bouquet garni et 2 verres d'eau. Couvrir et laisser mijoter à feu très doux 2 h.

Égoutter la viande puis passer le jus de cuisson, ajouter le sang en fouettant (attention, à partir de ce moment la préparation ne doit plus bouillir). Vérifier l'assaisonnement, remettre la viande et laisser mijoter dans la sauce sans bouillir pendant 15 mn. Ajouter au dernier moment une poêlée de champignons sylvestres (girolles, trompettes de la mort, chanterelles).

Civet de sanglier à la purée de marrons

Le civet de sanglier se prépare comme celui de biche, avec des morceaux pris dans l'épaule, le collier ou l'échine, le cuissot étant généralement réservé pour les préparations rôties.

La purée de marrons remplace en accompagnement les champignons.

Confit de canard aux lentilles

6 cuisses de canard confites,
500 g de lentilles vertes du Puy,
1 oignon,
1 carotte,
1 tranche de lard,
thym,
poivre,
ail et persil pour la persillade.

Prélever un peu de graisse de canard, y faire dorer l'oignon haché, la carotte épluchée et taillée en dés, et le lard détaillé en gros cubes.

Ajouter les lentilles, le thym, 1/2 verre d'eau et laisser mijoter 15 mn.

Dans un plat, faire dorer les cuisses à four chaud (220 °C, th. 7) pendant 10 mn. Retirer le gras, verser les lentilles dans le plat.

Au moment de servir, on peut saupoudrer les lentilles d'une bonne persillade.

Coquilles Saint-Jacques au beurre blanc

18 noix de Saint-Jacques,
quelques gouttes d'huile,
sel, poivre.
POUR LA SAUCE :
3 échalotes,
1 dl de vin blanc,
1 trait de vinaigre de vin blanc,
150 g de beurre demi-sel,
sel, poivre.

Tailler les noix de Saint-Jacques en deux dans l'épaisseur. Dans une poêle antiadhésive très légèrement huilée,et très chaude, poser les noix. Les retourner au bout de 2 mn, puis les retirer : elles doivent êtres dorées en surface, mais leur chair doit rester nacrée. Servir immédiatement.

LA SAUCE :

Couper le beurre en petits des et réserver au froid. Faire réduire complètement le vin blanc et les échalotes hachées. Ajouter petit à petit le beurre demi-sel en tournant au fouet, à feu doux. Compléter avec le filet de vinaigre, sel et poivre.

Cette sauce est délicate mais fragile, il est préférable de la réaliser au dernier moment.

Côte de bœuf grillée sauce au poivre

2 côtes de bœuf,
huile, sel, poivre.
POUR LA SAUCE :
2 échalotes, 50 g de beurre,
10 g de poivre cinq-baies,
5 cl de cognac,
1 verre de vin blanc sec,
20 cl de jus de viande, sel.

Badigeonner d'huile les deux faces de la côte de bœuf et réserver à température ambiante au moins 20 mn avant de la griller.

Réaliser la sauce au poivre : faire suer l'échalote hachée dans le beurre, ajouter les grains de poivre grossièrement écrasés. Flamber avec le cognac, déglacer avec le verre de vin blanc et laisser réduire complètement. Mouiller avec le jus de viande, compter 10 mn de cuisson à feu très doux. Vérifier l'assaisonnement et monter la sauce avec quelques parcelles de beurre frais.

Accompagner la côte de bœuf de fines galettes de pommes de terre râpées croustillantes et de sauce aux poivres.

Croustillant de bar au foie gras en millefeuille de pommes de terre

6 petites escalopes de bar de120 g chacune,
6 escalopes de foie gras frais,
200 g de pommes de terre charlotte,
2 dl de coulis de tomate,
50 g de beurre fondu,
100 g de beurre,
sel, poivre.

Râper les pommes de terre. Former des petites galettes et les faire dorer des deux côtés, dans le beurre fondu, dans une poêle antiadhésive. Réserver. Poêler les escalopes de bar, assaisonner, réserver au chaud.

Amener à ébullition le coulis de tomate, incorporer le beurre, mixer pour que la sauce soit bien onctueuse et légèrement mousseuse.

Au dernier moment, poêler les escalopes de foie gras.

Sur chaque assiette, poser une première galette de pommes de terre, puis une escalope de bar puis une nouvelle galette. Surmonter le tout d'une escalope de foie gras chaude. Répartir la sauce en cordon autour de chaque millefeuille. Servir immédiatement.

Daube de bœuf provençale aux olives noires

1,2 kg de paleron et gîte de bœuf en gros dés,
1 l de vin rouge,
5 cl d'eau-de-vie (marc),
1 carotte, 2 oignons,
1 bouquet garni (thym, laurier, romarin, céleri),
10 gousses d'ail,
5 cl d'huile, 300 g de tomates,
1 couenne de porc,
100 g d'olives noires,
sel, poivre en grains.

Mettre la viande à mariner avec le vin rouge, le marc, la carotte et les oignons émincés, le bouquet garni, l'ail et des grains de poivre. Ajouter un filet d'huile d'olive. Réserver au froid une nuit.

Le lendemain, faire chauffer un peu d'huile dans une grande cocotte, rissoler la viande égouttée, puis ajouter les légumes. Réserver. Dans une casserole, faire bouillir la marinade, écumer soigneusement.

Disposer les couennes dans le fond de la cocotte, ajouter la viande et les légumes, mouiller avec la marinade. Ajouter alors les tomates hachées, saler. Couvrir et laisser cuire 3 h à feu très doux, ou 2 h au four à 180 °C, th. 6. Au dernier moment, retirer le bouquet garni et ajouter les olives.

Les daubes sont bien meilleures préparées la veille puis réchauffées.

Les recettes sont données pour 6 personnes

Écrevisses à la nage

1 kg d'écrevisses
(des « pattes rouges » de préférence),
1 l de vin blanc sec,
2 belles carottes tendres,
1 oignon piqué d'un clou de girofle,
1 échalote,
1/2 citron pelé à vif,
1/2 feuille de laurier,
1 brindille de thym,
1 gousse d'ail,
1 petit bouquet de persil,
40 g de gros sel de mer,
20 grains de poivre concassé,
50 g de beurre.

Pour 1 kg d'écrevisses, soit environ 20 à 25 têtes de taille moyenne, prévoir un litre de bon vin blanc, mâcon ou pouilly-fuissé de préférence. Ajouter 1/2 l d'eau. Faire cuire avec la garniture aromatique environ 30 mn. Laisser refroidir. Puis, au moment de cuire les écrevisses, remettre en cuisson.

Préparer les écrevisses en les châtrant au dernier moment (retirer le boyau noir de la queue en brisant et tirant sur la partie centrale de la queue).

Dès ébullition du court-bouillon, plonger les écrevisses en une seule fois, pendant 3 mn après la reprise du frémissement. Retirer du feu et laisser refroidir dans le court-bouillon. Avec une écumoire, sortir les écrevisses et les disposer dans un plat de service. Monter le court-bouillon avec des parcelles de beurre frais, vérifier l'assaisonnement, puis le passer au chinois fin et en recouvrir les écrevisses.

Escalopes de veau aux agrumes et endives

6 escalopes de veau (dans la noix),
25 g de beurre,
1 filet d'huile,
6 endives cuites,
3 clémentines,
1 verre de bière blanche,
10 cl de crème liquide,
sucre, sel, poivre.

Couper les endives en deux, les faire caraméliser dans une poêle avec une noisette de beurre et une pincée de sucre. Réserver sur une assiette.

Poêler les escalopes de veau dans un peu de beurre, réserver. Déglacer la poêle avec la bière et laisser réduire aux trois quarts. Ajouter la crème fraîche et vérifier l'assaisonnement. Faire tiédir les quartiers de clémentines pelées à vif dans un beurre noisette.

Dans les assiettes, disposer les escalopes de veau sur les endives, répartir les quartiers d'agrumes et napper de sauce.

Rajouter éventuellement quelques zestes de clémentine.

Escargots au beurre d'ail

6 douzaines d'escargots en boîte,
autant de coquilles d'escargots vides.
POUR LE BEURRE D'AIL :
300 g de beurre,
20 g de poudre d'amandes,
3 gousses d'ail,
2 échalotes,
1 bouquet de persil,
1 pincée de sel, poivre,
quelques gouttes de Pastis.

Égoutter soigneusement les escargots, les disposer dans les coquilles.

Mélanger le beurre en pommade avec l'échalote et le persil haché en proportion égale. Ajouter la poudre d'amandes, l'ail écrasé, saler, poivrer. Ajouter éventuellement quelques gouttes de Pastis.

Remplir les escargots avec le beurre d'ail, disposer dans des plats adaptés, passer 5 mn à four très chaud (230 °C, th. 9).

Feuilleté au fromage de Langres

1 langres,
6 feuilletés dorés croustillants cuits à la minute.

Retirer la croûte du langres et le faire tiédir 5 mn à four chaud. Tailler les feuilletés en deux dans l'épaisseur, verser au centre une cuil. de fromage crémeux, recouvrir avec l'autre moitié du feuilleté et servir sans attendre.

Filet de bœuf en croûte aux champignons et artichauts

1 rôti de bœuf dans le filet de 1,2 kg,
6 fonds d'artichaut cuits et préparés,
200 g de champignons (ou 40 g de truffe),
1 gousse d'ail, 1 rouleau de pâte feuilletée,
1 œuf battu, 50 g de beurre,
sel, poivre.
POUR LA SAUCE :
20 cl de jus de viande,
2 cuil. à soupe de cassis (au naturel en conserve),
25 g de beurre.

Émincer les fonds d'artichaut et les faire sauter au beurre avec une pointe d'ail. Faire revenir les champignons émincés dans un peu de beurre. Faire dorer le filet de bœuf dans une poêle sur toutes ses faces, assaisonner et laisser refroidir au réfrigérateur.

Étaler la pâte feuilletée, poser un lit de lamelles d'artichaut puis dessus le filet de bœuf. Parsemer de champignons (ou de lamelles de truffe). Refermer le feuilletage et badigeonner d'œuf battu. Préchauffer le four à 180 °C, th 6).

LA SAUCE :

Faire chauffer le jus de viande, vérifier l'assaisonnement. Verser le cassis et monter la sauce avec des parcelles de beurre frais. Réserver au chaud.

Enfourner le filet 10 mn à 220 °C, th. 8, puis 15 mn à 180 °C, th. 6. Le sortir et le laisser reposer 5 mn avant de le découper. Servir sans attendre.

Foie de veau au vinaigre de framboise, baies de cassis

6 tranches de foie de veau,
1 filet d'huile, 25 g de beurre,
1 cuil. de farine,
5 cl de bouillon de viande,
2 cuil. de baies de cassis,
vinaigre de framboise,
sel, poivre.

Poêler les tranches de foie de veau assaisonnées et légèrement farinées. Réserver sur les assiettes chaudes. Déglacer la poêle avec le vinaigre de framboise, laisser réduire, ajouter le bouillon de viande et les baies de cassis. Napper les tranches de foie de veau, servir sans attendre.

Foie gras de canard en terrine

1 foie de canard (d'environ 600 g),
6 g de sel,
2 g de sucre,
0,5 g de poivre,
0,5 g de quatre-épices,
1 trait d'armagnac,
1 trait de porto blanc.

Les recettes sont données pour 6 personnes

Peser l'assaisonnement, retirer les veines du foie de canard, assaisonner, ajouter les alcools. Tasser dans une terrine, couvrir d'un film alimentaire et laisser mariner 12 h au réfrigérateur.
Le lendemain, poser la terrine dans un plat creux, verser de l'eau bouillante dans le plat. Couvrir d'un papier aluminium, glisser 50 mn à four très doux (120 °C, th. 2). Mesurer la température à cœur du foie, qui doit atteindre 54 °C en fin de cuisson.
Sortir la terrine du bain-marie, poser dessus une planchette avec un poids. Laisser refroidir à température ambiante, puis réserver au réfrigérateur. Le lendemain, faire fondre le gras qui est remonté au-dessus de la planchette et le couler sur la terrine.
Réserver quelques jours au réfrigérateur avant de déguster sur des tranches de pain grillées, saupoudrées d'un peu de fleur de sel et de poivre fraîchement moulu.

Fondant moelleux au chocolat noir

180 g de chocolat noir,
200 g de beurre,
7 œufs,
200 g de sucre,
40 g de farine.

La veille : Faire fondre le chocolat en petits morceaux et le beurre dans un bol. Fouetter les œufs, le sucre et la farine jusqu'à ce que le mélange devienne homogène. Ajouter le chocolat fondu et mélanger intimement. Verser la préparation dans des ramequins beurrés et réserver une nuit au congélateur.
Le lendemain, glisser les ramequins à four chaud (210 °C, th. 7) pendant 7 à 10 mn selon la consistance désirée.
Démouler les fondants au chocolat sur un plat : l'extérieur croustillant doit laisser apparaître l'intérieur chaud et coulant.`

Gigot de sept heures

1 gigot d'agneau de 2,5 kg,
10 gousses d'ail,
3 gros oignons,
4 tomates,
2 verres de vin blanc,
20 cl de bouillon de viande,
800 g de fèves fraîches cuites à l'anglaise,
5 cl d'huile, 25 g de beurre,
thym, laurier, romarin, sel, poivre.

Faire colorer le gigot dans une grande cocotte avec l'huile et le beurre, dégraisser légèrement, ajouter les oignons taillés grossièrement, les tomates en quartiers, l'ail écrasé et le bouquet garni.
Laisser cuire quelques minutes à feu doux en remuant puis verser le vin blanc et le bouillon de viande, couvrir, faire cuire à four moyen (140 °C, th. 3) pendant 7 h (rajouter si nécessaire un peu d'eau en cours de cuisson). Retirer le gigot délicatement, réserver au chaud, passer la sauce, vérifier l'assaisonnement. Napper le gigot, le servir sur un lit de fèves fraîches liées au beurre.

Homard rôti aux épices douces

1 homard,
50 g de beurre,
1 cuil. à soupe d'huile d'olive,
2 échalotes,
1 verre de palette (vin blanc),
15 cl de crème fraîche,
1 pincée de paprika et de quatre-épices,
fines herbes,
sel, poivre.

Tronçonner la queue de homard en médaillon, réserver le corail. Réaliser un fumet de crustacé avec le reste de la carapace.
Faire chauffer le filet d'huile et le beurre dans une casserole à fond épais, y poser les morceaux de homard. Quand ils sont bien rouges, saupoudrer de paprika et de quatre-épices, ajouter les échalotes hachées, mouiller avec le vin blanc ; assaisonner. Poser un couvercle et laisser cuire à feu très doux 20 mn (le jus doit être très court, pour ne pas ramollir la chair de homard). Retirer le homard. Déglacer le poêlon avec le fumet de crustacé, réaliser une liaison avec le corail et la crème. Remettre le homard dans la sauce. Ajouter éventuellement une pointe de fines herbes hachées.

Jambon à la crème d'époisses

6 belles tranches épaisses
de jambon à l'os charcutier,
20 cl de bouillon de cuisson du jambon,
1 époisses,
20 cl de crème,
sel, poivre.

Faire tiédir le jambon dans un peu de bouillon. À part dans une casserole, faire réduire le reste du bouillon et la crème fraîche. Gratter la croûte de l'époisses, puis incorporer le fromage en petits morceaux dans la sauce. Fouetter pour lisser la préparation et vérifier l'assaisonnement.
Servir le jambon nappé de sauce.

Jambon persillé

1 morceau de 500 g de jambon blanc demi-sel,
1 jarret de veau,
2 pieds de veau,
6 échalotes,
1 verre de vin blanc de Bourgogne,
1 cuil. à soupe de vinaigre,
1 bouquet de cerfeuil, estragon, persil,
50 g de persil haché, thym, laurier,
sel, poivre.

Faire dessaler le morceau de jambon durant une nuit. Le mettre à cuire dans une marmite avec le jarret de veau et son os, les pieds de veau, tous les aromates, échalotes et vin blanc. Couvrir d'eau et laisser mijoter 2 h. Retirer les viandes, les découper en gros cubes en mélangeant gras et maigre. Disposer le tout dans un saladier. Clarifier le fond de cuisson afin d'obtenir une gelée de belle couleur. Lorsque celle-ci commence à prendre, ajouter persil haché et vinaigre. Verser la gelée sur le jambon. Laisser refroidir et servir dans le saladier.

Lamproie à la bordelaise

1 kg de lamproie,
8 à 10 poireaux,
1/2 l de vin rouge,
150 g de jambon,
50 g de beurre,
2 cuil. de farine,
1 dl de cognac,
1 oignon, bouquet garni,
sel, poivre.

Attacher la lamproie par la tête et la suspendre à un clou. Trancher le bout de la queue et recueillir le sang dans un bol contenant un verre de vin rouge.
Ébouillanter le poisson quelques minutes puis racler la peau au couteau pour retirer le limon. Tronçonner la lamproie et mettre les morceaux dans une terrine avec le sang mêlé de vin, sel, poivre et de rondelles d'oignons. En tronçonnant, sortir le « cordon », sorte de cartilage tenant lieu d'arêtes.

Les recettes sont données pour 6 personnes

Éplucher les poireaux pour ne garder que la partie blanche. Les faire blondir en casserole, à l'huile, et ajouter le jambon en dés. Fariner. Mouiller de vin rouge. Ajouter bouquet garni, sel, poivre et cuire à feu doux jusqu'à réduction des 3/4.
Mettre alors les morceaux de lamproie et cuire toujours à feu doux 45 mn. Retirer le bouquet garni. Lier avec le sang réservé. Servir avec des croûtons.

Lasagnes aux fruits de mer

200 g de lasagnes fraîches,
3 kg de coquillages (coques, moules, palourdes),
100 g de crevettes décortiquées,
1 gousse d'ail,
1 cuil. à soupe de persil haché,
25 g de chapelure,
25 cl de fumet de poisson,
20 cl de crème liquide,
1 verre de vin blanc sec, sel, poivre.

Faire cuire les coquillages à la marinière, les décortiquer mais conserver le jus.
Faire réduire le fumet de poisson et le jus des coquillages avec la crème liquide. Quand la sauce épaissit, ajouter les coquillages, les queues de crevettes, l'ail finement écrasé et le persil. Assaisonner.
Étaler une couche de cette préparation dans un plat à four, couvrir de lasagnes puis d'une autre couche de préparation aux fruits de mer, puis de nouveau de lasagnes. Napper la dernière couche de lasagnes de sauce, saupoudrer de chapelure. Faire gratiner les lasagnes 15 mn à four très chaud (210 °C, th. 7).

Mesclun de salades au fromage de chèvre rôti

6 crottins de Chavignol,
6 tranches de pain,
1 assortiment de jeunes pousses de salades (mâche, feuille de chêne, pourpier, trévise, roquette) ou mesclun tout prêt,
1/2 citron, 5 cl de jus de volaille,
5 cl d'huile d'arachide,
fines herbes (ciboulette, cerfeuil, persil plat).

Mélanger le jus de citron avec une pincée de sel et de poivre. Incorporer l'huile et le jus de volaille en fouettant, couper les crottins en deux dans l'épaisseur et les poser sur les tranches de pain. Faire dorer 8 mn à four chaud (210 °C, th. 7).
Mélanger les salades et la sauce. Dans chaque assiette, poser un crottin sur un lit de salade. Saupoudrer de fines herbes ciselées.

Mouclade

2 l de moules,
80 g de beurre,
80 g de farine, sel et poivre,
1 gousse d'ail, 1 jaune d'œuf,
1/2 citron, persil haché, curry.

Faire ouvrir les moules en casserole. Retirer une des deux parties de chaque coquille et réserver les moules au chaud.
Faire un roux blanc avec le beurre et la farine, mouiller avec 1/4 l de jus de cuisson des moules. Saler, poivrer. Ajouter un soupçon d'ail haché et cuire cette sauce. Lier avec le jaune d'œuf et le jus du citron, assaisonner d'une pointe de curry. Parsemer de persil haché. Napper de cette sauce les moules disposées dans un plat de service.

Œufs pochés en meurette

8 œufs, 2 dl de vinaigre de vin.
POUR LA SAUCE :
1 échalote hachée,
100 g de champignons de Paris,
100 g de beurre,
3 dl de vin rouge,
1 cuil. à soupe de ciboulette hachée,
100 g de lardons,
1 cube de bouillon,
4 tranches de pain,
1 gousse d'ail,
sel et poivre du moulin.

Amener à frémissement 2 l d'eau additionnée du vinaigre. Casser les œufs, chacun dans une tasse. Les faire glisser un par un dans l'eau frémissante. Mener la cuisson à petite ébullition pendant 4 mn, les égoutter et réserver.
LA SAUCE : faire revenir dans un peu de beurre l'échalote, les champignons nettoyés et coupés en lamelles, et les lardons ; mouiller avec le vin rouge, faire flamber dès ébullition. Compléter avec le cube de bouillon et laisser réduire pendant 10 mn. Incorporer par petits morceaux le beurre en fouettant vigoureusement. Saler et poivrer. Passer la sauce au chinois. Disposer les œufs sur les tranches de pain grillées frottées d'ail.

Oie rôtie sarladaise

1 oie bridée prête à cuire,
25 g de graisse d'oie,
200 g de ceps frais,
2 truffes du Périgord,
1,2 kg de pommes de terre, sel, poivre.

Disposer l'oie assaisonnée dans la lèchefrite avec 3 verres d'eau, enfourner à four chaud (180 °C, th. 6) ; compter 1 h 30 de cuisson en arrosant régulièrement la volaille.
Pendant ce temps, faire rissoler dans la graisse d'oie les pommes de terre épluchées et coupées en rondelles épaisses. Saler, poivrer, ajouter les ceps sautés à part et les lamelles de truffes.
En fin de cuisson de l'oie, dégraisser modestement le plat et disposer les pommes de terre autour de l'oie. Poursuivre la cuisson à four doux une dizaine de minutes pour que les parfums se mêlent.

Oursinade

Il faut ouvrir les oursins du côté plat. Avec la pointe d'un couteau, on ôte la bouche, et, aux ciseaux, on découpe cette partie plate que l'on jette, tout comme l'eau de l'intérieur. Reste la coque étoilée dont les langues, rayons de couleur orangée, représentent la seule partie comestible que l'on mange à la petite cuillère. En pilant les langues d'oursins, on obtient une crème pour parfumer une sauce au beurre, farcir des œufs ou relever une mayonnaise.

Pigeon au chou

6 petits pigeons,
25 g de beurre,
50 g de lardons,
1/2 chou vert blanchi,
25 cl de bouillon de volaille,
1 verre de vin blanc sec,
1 oignon, 1 gousse d'ail,
thym, laurier, sel, poivre.

Dans une même cocotte, mettre les pigeons à dorer dans le beurre, puis les retirer. Faire ensuite rissoler les lardons, l'oignon haché et la gousse d'ail écrasée.
Disposer les feuilles de chou préalablement blanchi dans le fond de la cocotte. Remettre les pigeons, mouiller avec le vin blanc et le bouillon de volaille. Ajouter thym, laurier, sel et poivre. Couvrir et laisser mijoter 15 mn

Les recettes sont données pour 6 personnes

environ à feu très doux. Retirer les pigeons et réserver au chaud. Poursuivre la cuisson du chou 20 à 25 mn (rajouter si nécessaire un peu d'eau au cours de la cuisson tout en conservant un jus très court).
Servir les pigeons sur le chou bien compoté.

Pot-au-feu de poulet

1 poulet fermier de 1,3 kg,
assortiment de légumes de printemps :
petites carottes et navets fanes, jeunes poireaux,
tiges de céleri, panais,
1 oignon clouté de girofle,
2 gousses d'ail, 1 verre de vin blanc sec,
1 bouquet garni, 20 cl de crème fraîche,
sel, poivre en grains.

Déposer le poulet dans un grand faitout, couvrir d'eau à hauteur, porter à ébullition, écumer soigneusement. Ajouter le vin blanc, saler puis ajouter l'oignon, le bouquet garni, l'ail et quelques grains de poivre. Laisser cuire 30 mn. Ajouter alors les légumes et poursuivre la cuisson 15 mn.
Retirer le poulet, le découper et le disposer dans un plat avec les légumes égouttés. Prélever un peu de bouillon, faire réduire avec la crème fraîche, vérifier l'assaisonnement. Napper le poulet et servir.

Poulet de Bresse aux mousserons

1 poulet de Bresse (chair blanche et pattes bleues),
50 g de beurre,
10 cl de bouillon de volaille,
800 g de mousserons,
2 échalotes, 3 brins de ciboulette,
sel, poivre.

Vider, assaisonner et brider la volaille, en conservant la graisse trouvée à l'intérieur. Dans une cocotte, faire chauffer cette graisse coupée en petits morceaux et la moitié du beurre. Y poser la volaille sur la poitrine puis, quand elle est bien dorée, sur le dos. Glisser à four chaud (220 °C, th. 7). Arroser souvent avec le jus de cuisson.
Pendant ce temps, rincer les mousserons, les égoutter et les verser dans une casserole avec un peu de beurre. Couvrir et les laisser rendre leur eau 5 mn à feu doux. Les égoutter (en réservant l'eau de cuisson) et les faire sauter avec une pointe d'échalotes. Retirer la volaille, dégraisser la cocotte, déglacer avec le jus de champignons et le bouillon de volaille. Laisser réduire, assaisonner, découper la volaille, la servir sur un lit de mousserons, napper de jus de cuisson, saupoudrer de ciboulette.

Risotto aux crevettes et au curry

250 g de riz rond italien (Arborio ou Carnaroli),
5 cl d'huile, 1 verre de vin blanc,
1 oignon, 1 cuil. à café de curry
6 grosses crevettes,
50 g de parmesan râpé,
100 g de beurre,
1/2 litre de fumet de poisson, sel, poivre.

Dans une sauteuse, faire légèrement roussir dans l'huile l'oignon haché très fin. Ajouter alors le riz, mélanger pour bien enrober tous les grains de matière grasse. Verser le vin blanc froid puis mouiller avec un peu de fumet et mélanger. Cuire à feu très doux sans cesser de remuer.
Mouiller régulièrement avec le fumet sans que le niveau du liquide ne dépasse celui du riz. Quand le riz est cuit, mais encore un peu ferme, incorporer le beurre en parcelles et le curry en travaillant la préparation avec une spatule.
Ajouter le parmesan râpé, assaisonner, puis incorporer les crevettes décortiquées. Servir sans attendre.

Rouget en tapenade

6 petits rougets écaillés mais non vidés,
2 cuil. à soupe d'huile d'olive, 25 g de beurre,
100 g de tapenade noire,
400 g de riz de Camargue,
50 g de lard demi-sel,
2 petits oignons nouveaux,
sel, poivre.

Préparer le riz : faire revenir les petits oignons et le lard dans une cuil. à soupe d'huile d'olive, ajouter le riz et mouiller avec 600 g d'eau chaude. Ajouter une pincée de sel et quelques aiguilles de romarin. Couvrir et laisser cuire à feu très doux 18 mn (le riz en cuisant va absorber l'eau de cuisson).
Passer légèrement les rougets dans la farine et les faire dorer dans une poêle chaude avec le reste d'huile d'olive et une noisette de beurre. Dans chaque assiette, disposer les rougets avec une quenelle de tapenade, les napper d'un peu de beurre de cuisson, servir avec une cuil. de riz de Camargue.

Saint-pierre au laurier et aux courgettes

6 filets de saint-pierre,
12 feuilles de laurier,
3 cuil. à soupe d'huile d'olive,
3 courgettes,
1 gousse d'ail,
fleur de sel, poivre du moulin.

À l'aide d'un couteau économe, détailler les courgettes en fines lamelles. Les faire sauter 3 à 4 mn dans une poêle avec la gousse d'ail écrasée et un filet d'huile d'olive. Saler très légèrement et réserver au chaud.
Avec la pointe d'un petit couteau, glisser les feuilles de laurier entre la chair et la peau des filets de saint-pierre. Poser les filets côté peau dans une poêle chaude avec un filet d'huile d'olive. Les retourner au bout de 5 mn.
Couvrir et poursuivre la cuisson à feu très doux 6 à 7 mn.
Dans chaque assiette chaude, disposer quelques lamelles de courgettes, un filet de saint-pierre, arroser d'un trait d'huile d'olive et saupoudrer d'un pincée de fleur de sel.

Salmis de pintade aux haricots coco

1 pintade désossée avec ses abats,
100 g de farce fine,
600 g de haricots coco déjà cuits,
1 oignon,
2 gousses d'ail,
20 cl de bouillon de viande,
25 g de beurre,
5 cl d'huile,
persil, ciboulette, estragon,
sel, poivre.

Mélanger la chair, les abats hachés et les fines herbes concassées. Assaisonner et relever la farce d'une pointe d'ail. Farcir l'intérieur de la pintade désossée et ficeler la volaille comme un rôti.
Faire dorer la pintade farcie dans un plat avec un filet d'huile. Ajouter l'oignon haché et glisser 20 mn à four chaud (220 °C, th. 7).
Égoutter les haricots, les disposer autour de la volaille, mouiller avec un peu de bouillon et poursuivre la cuisson au four. Arroser régulièrement avec un peu de bouillon.
Servir la pintade tranchée sur les haricots, le jus doit être très court.

Les recettes sont données pour 6 personnes

Sandre à la badiane et aux pousses de bambou

6 escalopes de sandre,
10 cl de vin blanc sec,
20 cl de fumet de poisson,
20 cl de crème liquide,
100 g de pousses de bambou,
25 g de beurre,
1 échalote, 2 étoiles de badiane (anis étoilé),
sel, poivre.

Dans un plat à four beurré, saupoudrer l'échalote hachée et disposer les escalopes de sandre. Saler, poivrer, ajouter 3 cuil. à soupe de fumet de poisson et couvrir d'un papier aluminium.
Préparer la sauce : faire réduire le vin blanc et le reste du fumet de poisson de moitié, ajouter la crème et la badiane, laisser infuser 10 mn. Retirer l'épice et mixer la sauce.
Faire cuire le sandre dans son plat couvert 15 mn à four chaud (210 °C, th. 7). Pendant ce temps, faire sauter les pousses de bambou dans une noisette de beurre.
Disposer quelques pousses de bambou dans une assiette creuse, surmontées d'un filet de sandre égoutté, napper de sauce à la badiane.

Saumon à l'oseille

6 pavés de saumon de 120 g chacun,
1 verre de vin blanc sec,
1 verre de fumet de poisson,
2 cuil. à soupe de vermouth blanc,
2 échalotes, 20 cl de crème liquide,
80 g de feuilles d'oseille fraîche,
sel, fleur de sel, poivre.

Poser les pavés salés et poivrés dans une poêle antiadhésive huilée (le côté peau sur le fond de la poêle). Cuire à feu très doux 8 à 10 mn.
LA SAUCE : verser dans une casserole le vin blanc, le fumet de poisson et le vermouth. Ajouter les échalotes hachées. Faire réduire de moitié et compléter avec la crème liquide, laisser réduire de nouveau, jusqu'à consistance onctueuse, puis ajouter les feuilles d'oseille ciselées. Vérifier l'assaisonnement. Répartir la sauce dans les assiettes chaudes, déposer dessus les pavés de saumon. Saupoudrer de fleur de sel.

Soufflé au beaufort

40 g de beurre,
40 g de farine, 4 dl de lait,
5 jaunes d'œufs, 6 blancs d'œufs,
20 g de beurre,
100 g de beaufort râpé,
noix de muscade, sel, poivre.

Faire une béchamel avec le beurre, la farine et le lait. Saler, poivrer et ajouter 1 râpée de muscade. Incorporer le beaufort, les 5 jaunes d'œufs et les 6 blancs battus en neige ferme. Verser la préparation dans un moule à soufflé, beurré et fariné, de 20 cm de diamètre, et cuire 30 mn à four chaud (220 °C, th. 7).

Tagliatelles à la bolognaise

250 g de tagliatelles fraîches,
1 boîte de tomates concassées,
200 g de bœuf haché,
1 oignon, 2 gousses d'ail,
20 cl d'huile d'olive,
thym, romarin, origan,
sel, poivre.

Faire dorer dans l'huile d'olive l'oignon haché et la viande. Ajouter la gousse d'ail et les tomates. Assaisonner puis saupoudrer les herbes aromatiques. Laisser confire à couvert, à feu très doux 30 à 40 mn.
Faire cuire les tagliatelles « al dente » dans une grande quantité d'eau bouillante salée. Égoutter, verser dans les assiettes, napper généreusement de sauce bolognaise, saupoudrer de parmesan râpé. Servir immédiatement.

Tarte au citron

1 fond de tarte en pâte sablée déjà cuit,
200 g de jus de citron,
300 g de sucre,
7 œufs,
220 g de beurre,
200 g de meringue.

Préparer la crème au citron : Fouetter le sucre et les œufs, ajouter le zeste de citron râpé. Faire chauffer le jus de citron, y mélanger un à un les œufs et faire cuire à feu doux en remuant constamment 5 à 6 mn.
Verser la préparation dans un grand bol. Incorporer le beurre en parcelles en mélangeant soigneusement. Garnir le fond de pâte cuit de cette crème au citron et réserver au froid 6 h minimum. Quelques minutes avant de servir, décorer le dessus de la tarte avec une bonne épaisseur de meringue. Passer 2 mn sous le gril du four afin d'obtenir une jolie coloration et servir sans attendre.

Tarte aux mirabelles

1 abaisse de pâte sablée,
800 g de mirabelles de Lorraine,
50 g de crème pâtissière.

Étaler la pâte dans un moule à tarte beurré, puis la crème en fine couche. Garnir avec les mirabelles dénoyautées. Saupoudrer d'un voile de sucre et glisser à four chaud (180 °C, th. 6) pendant 30 à 35 mn.

Tarte aux poires et roquefort

1 abaisse de pâte feuilletée,
3 poires bien mûres,
1 cuil. à soupe de sucre,
100 g de roquefort.

Détailler la pâte feuilletée en bandes de 15 cm de large, ranger dessus les demi-poires épluchées et finement émincées, saupoudrer de sucre et glisser au four (180 °C. th. 6) pendant 20 à 25 mn. À la sortie du four, répartir le roquefort en fines lamelles sur les poires, le laisser fondre doucement. Servir immédiatement.

Tarte aux pommes aux effluves de citron

1 abaisse de pâte brisée,
6 pommes royal gala ou reinette,
1/2 citron, beurre pour le moule,
1 cuil. à soupe de sucre.

Disposer la pâte étalée dans un moule à tarte beurré. Éplucher les pommes, les frotter avec le jus de citron puis les tailler en quartiers.
Disposer les tranches de pommes en rosace sur la pâte, saupoudrer de sucre et disperser quelques parcelles de beurre. Glisser à four chaud (180 °C, th. 6) pendant 30 mn. Au dernier moment, râper sur la tarte un zeste de citron.

Terrine de foies de volailles

500 g de foie de volaille,
400 g d'échine de porc,
1 gousse d'ail,
1 échalote,
1 bouquet de persil,
1 œuf,
1 pincée de quatre-épices,
1 pincée de coriandre en poudre,
12 g de sel, 2 g de poivre,
10 cl de porto,
1 morceau de crépine.

Les recettes sont données pour 6 personnes

Hacher l'échine de porc avec une grille fine et les foies de volaille avec une grille moyenne. Hacher l'ail et l'échalote pelés. Ciseler le persil rincé.
Dans un récipient, mélanger les viandes avec le sel, le poivre, le quatre-épices et la coriandre, l'ail, 1 cuil. à soupe d'échalote, 2 cuil. à soupe de persil, l'œuf et le porto.
Garnir la terrine de cette farce. Recouvrir de la crépine rincée et égouttée en rentrant bien les bords. Laisser reposer 6 h environ au réfrigérateur.
Faire cuire la terrine couverte au bain-marie (l'eau doit arriver aux 2/3 de la terrine) au four préchauffé à 140 °C (th. 3) pendant 1 h 30.
Laisser refroidir 15 mn à température ambiante.
Découper une forme en carton de la taille de la terrine, la recouvrir d'une feuille d'aluminium puis poser dessus un poids (par exemple, une boîte de conserve). Entreposer la terrine au réfrigérateur pendant 3 jours avant de la déguster. Elle se conservera une semaine.

Terrine de poissons blancs à l'aïoli

4 filets de rascasse,
4 filets de sole,
4 filets de rougets,
1/2 l de court-bouillon de poisson,
2 dl de vin blanc sec,
50 g de courgettes,
1 poivron rouge, 1 poireau,
2 g de safran,
6 feuilles de gélatine, sel, poivre.

Tailler les légumes en petits dés, les faire cuire à l'eau 5 mn. Faire chauffer le court-bouillon de poisson légèrement salé avec le vin blanc et le safran. Y plonger les filets de poisson 5 mn, puis les égoutter.
Délayer dans 3 dl de court-bouillon les feuilles de gélatine ramollie. Laisser refroidir.
Chemiser une terrine avec un film alimentaire, poser les filets de poissons, napper de gelée et répartir une cuil. à soupe de petits légumes. Laisser prendre 5 mn au froid, renouveler l'opération jusqu'à épuisement des ingrédients. Laisser prendre au frigo 12 h.

Aïoli

1 petite pomme de terre cuite,
25 cl d'huile d'olive,
6 gousses d'ail,
1 jaune d'œuf,
1 citron, sel.

Dans un mortier, piler l'ail en pâte fine, écraser la pomme de terre, ajouter une pincée de sel, le jaune d'œuf et monter en incorporant lentement l'huile en filet. Quand l'aïoli est consistant, ajouter le jus du citron.

Tourte au comté et aux noix

2 rouleaux de pâte feuilletée,
1/2 l de lait,
100 g de beurre,
100 g de farine,
100 g de comté en lamelles,
40 g de noix concassées,
1 œuf,
sel, poivre, muscade.

Disposer la première abaisse de pâte dans une tourtière beurrée. Faire un roux avec le beurre et la farine, mouiller avec le lait chaud. Faire épaissir sur le feu en fouettant. Ajouter les lamelles de comté et les noix, assaisonner de sel, poivre et 1 pincée de muscade. Verser sur la pâte, recouvrir avec la deuxième abaisse de pâte, badigeonner d'œuf battu. Cuire 40 mn à four moyen (170 °C, th. 6).

Travers de porc grillé aux figues rôties

1,2 kg de travers de porc,
12 figues,
25 g de beurre,
10 cl d'huile d'olive,
romarin, thym, sarriette,
graines de coriandre,
sucre, sel, poivre.

Tailler le travers en 6 morceaux égaux, les plonger dans une casserole d'eau froide et porter à ébullition. Saler et laisser cuire 5 mn. Égoutter et éponger soigneusement. Disposer la viande dans un plat avec les aromates et l'huile d'olive. Couvrir d'un film alimentaire et laisser macérer 2 h. Au dernier moment, faire griller les travers de porc sur une braise vive.
Inciser les figues, poser une noisette de beurre et une pincée de sucre sur chaque fruit et glisser à four chaud (180 °C, th. 6) pendant 10 à 12 mn.
La première cuisson permet de garder la viande plus moelleuse même après son passage sur le gril.

Truite aux amandes

6 truites de 250 g environ,
100 g de beurre,
1 cuil. à soupe de farine,
75 g d'amandes effilées,
1 jus de citron,
sel, poivre.

Passer les truites vidées et épongées dans la farine, chauffer 1 cuil. à soupe de beurre dans une grande poêle, y dorer les truites sur les deux faces. Baisser le feu et poursuivre la cuisson 10 à 12 mn en arrosant de beurre.
Égoutter les truites, les disposer dans un plat de service. Les arroser d'un filet de jus de citron. Dans une poêle, faire blondir les amandes dans le reste de beurre, puis en saupoudrer les truites.

Turbot grillé au fenouil

6 escalopes de turbot de 180 g chacune,
4 bulbes de fenouil,
quelques branches de thym citron,
3 cuil. à soupe d'huile d'olive,
1 jus de citron,
sel, sucre, poivre du moulin.

Badigeonner les escalopes de turbot avec un peu d'huile d'olive. Effeuiller le thym citron. Couvir le plat d'un film alimentaire et réserver 30 mn au réfrigérateur.
Pendant ce temps, faire chauffer le reste d'huile d'olive dans un faitout, ajouter le fenouil finement émincé avec une pincée de sucre. Saler, couvrir et laisser confire à feu doux 35 à 40 mn (rajouter éventuellement un peu d'eau en cours de cuisson).
Faire griller les escalopes de turbot sur les deux faces. Les disposer sur un lit de fenouil confit. Décorer de fines peluches de fenouil.

Zestes d'oranges au chocolat noir

6 écorces d'oranges confites,
200 g de chocolat noir amer,
papier sulfurisé.

Tailler les écorces en lamelles.
Dans un bol recouvert d'un film alimentaire, faire fondre au bain-marie ou au micro-ondes le chocolat concassé.
Tremper les lamelles d'écorces dans le chocolat fondu, puis les déposer délicatement sur une plaque couverte de papier sulfurisé. Laisser refroidir et déguster.

Les recettes sont données pour 6 personnes

A

B

Q

R

S

T

V

Z

A

B

E

F

F

G

H

AJACCIO ROUGE
Clos d'Alzeto
20151 Sari d'Orcino
04 95 52 24 67

Clos Capitoro
20166 Porticcio
04 95 25 19 61

Domaine Comte Peraldi
20167 Mezzavia
04 95 22 37 30

ALSACE GEWURZTRAMINER VENDANGES TARDIVES
Cave de la Pfaffenheim
68250 Pfaffenheim
03 89 78 08 08

Domaine Blanck et Fils
68240 Kientzheim
03 89 78 23 56

Domaine Seppi Landemann
68570 Soultzmatt
03 89 47 09 33

ALSACE PINOT NOIR ROUGE
Domaine du Clos Saint-Landelain
68250 Rouffach
03 89 78 58 00

Domaine Marcel Deiss
68750 Bergheim
03 89 73 63 37

Maison Hugel
68340 Riquewihr
03 89 47 92 15

ALSACE RIESLING
Domaine Ostertag
67680 Epfig
03 88 85 51 34

Domaine Schueller
68420 Husseren-les-Châteaux
03 89 49 31 54

Maison Léon Beyer
68420 Eguisheim
03 89 41 41 05

ALSACE RIESLING VENDANGES TARDIVES
Domaine du Weinbach-Faller
68240 Kaysersberg
03 89 47 13 21

Domaine Zind Humbrecht
68230 Turckheim
03 89 27 02 05

Maison Trimbach
68150 Ribeauvillé
03 89 73 60 30

ALSACE TOKAY-PINOT GRIS
Domaine Rolly Gassmann
68590 Rorschwihr
03 89 73 33 06

Domaine Marc Tempe
68340 Zellenberg
03 89 47 85 22

Domaine Ernest Burn
68420 Gueberschwihr
03 89 49 20 68

ANJOU-VILLAGES BRISSAC
Château de Mongueret
49560 Nueil-sur-Layon
02 41 59 59 19

Domaine de Montgilet
49610 Juigné-sur-Loire
02 41 91 90 48

Domaine des Bonnes Gagnes
49320 Saint-Saturnin-sur-Loire
02 41 91 22 76

Domaine des Charbotières
49320 Saint-Jean-des-Mauvrets
02 41 91 22 87

Domaine des Rochelles
49320 Saint-Jean-des-Mauvrets
02 41 91 92 07

ARBOIS ROUGE
Domaine de la Pinte
39600 Arbois
03 84 66 60 47

Domaine Overnoy
39600 Pupillin
03 84 66 14 60

Domaine Rolet Père et Fils
39600 Arbois
03 84 66 00 05

Domaine André et Mireille Tissot
39600 Montigny-lès-Arsures
03 84 66 08 27

BANDOL ROUGE
Château de Pibarnon
83740 La Cadière-d'Azur
04 94 90 12 73

Château Pradeaux
83270 Saint-Cyr-sur-Mer
04 94 32 10 21

Château Vannières
83740 La Cadière-d'Azur
04 94 90 08 08

Domaine de Terrebrune
83190 Ollioules
04 94 74 01 30

Domaine Lafran-Veyrolles
83740 La Cadière-d'Azur
04 94 90 13 37

Domaine Tempier
83330 Le Plan-du-Castelet
04 94 98 70 21

BANYULS
Cave l'Étoile
66650 Banyuls-sur-Mer
04 68 88 00 10

Domaine Mas Blanc
66650 Banyuls-sur-Mer
04 68 88 32 12

Domaine de la Rectorie
66650 Banyuls-sur-Mer
04 68 88 13 45

Domaine Vial-Magnères
66650 Banyuls-sur-Mer
04 68 88 31 04

BARSAC
Château Climens
33720 Barsac
05 56 27 15 33

Château Doisy Daëne
33720 Barsac
05 56 27 15 13

Château Nairac
33720 Barsac
05 56 27 16 16

BEAUJOLAIS ROUGE

Domaine des Terres Dorées
69380 Charnay
04 78 47 93 45

Domaine Dominique Piron
69910 Villié-Morgon
04 74 69 10 20

Domaine Jean-Charles Pivot
69430 Quincié-en-Beaujolais
04 74 04 30 32

Domaine Sante
71570 La Chapelle-de-Guinchay
03 85 33 82 81

Maison Duboeuf
71570 Romanèche-Thorins
03 85 35 34 20

BIÈRE BLANCHE

Brasseurs de Gayant
59502 Douai Cedex
03 27 93 26 22

Brasserie Heineken
92500 Rueil-Malmaison
01 47 14 36 50

Brasserie Interbrew France
59426 Armentières Cedex
03 20 48 30 30

Brasserie La Choulette
59111 Hordain Cedex
03 27 35 72 44

Brasserie Météor
67270 Hochfelden
03 88 02 22 22

Brasserie Pietra
20600 Furiani
04 95 30 14 70

Brasserie de Saint-Omer
62504 Saint-Omer Cedex
03 21 98 76 00

BONNEZEAUX

Château de Fesles
49380 Thouarcé
02 41 68 94 00

Domaine de Terrebrune
49380 Notre-Dame d'Allencon
02 41 54 01 99

Domaine des Gagneries
49380 Thouarcé
02 41 54 00 71

Domaine des Petits Quarts
49380 Faye-d'Anjou
02 41 54 03 00

Domaine René Renou
49380 Thouarcé
02 41 54 11 33

BORDEAUX CLAIRET

Château Bois Malot
33450 Saint-Loubès
05 56 38 94 18

Château Brethous
33360 Camblanes
05 56 20 77 76

Château Penin
33420 Genissac
05 57 24 46 98

BOURGUEIL ROUGE

Domaine Yannick Amirault
37140 Bourgueuil
02 47 97 78 07

Domaine Druet
37140 Benais
02 47 97 37 34

Domaine Gambier
37140 Ingrandes de Touraine
02 47 96 98 77

MaisonLame-Delille-Boucard
37140 Ingrandes-de-Touraine
02 47 96 98 54

CAHORS

Château du Cèdre
46700 Vire-sur-Lot
05 65 36 53 87

Château Goutoul
46700 Puy-l'Évêque
05 65 30 84 17

Château La Caminade
46140 Parnac
05 65 30 73 05

Châtau L agrezette
46140 Caillac
05 65 20 07 42

Clos Triguedina
46700 Puy-l'Évêque
05 65 21 30 81

CASSIS BLANC

Château de Fontcreuse
13260 Cassis
04 42 01 71 09

Clos Sainte-Magdeleine
13260 Cassis
04 42 01 70 28

Clos Val Bruyère
13830 Roquefort la Bedoule
04 42 73 14 60

Domaine du Bagnol
13260 Cassis
04 42 01 78 05

Domaine Saint-Louis
13260 Cassis
04 42 01 30 31

CHABLIS

Cave La Chablisienne
89800 Chablis
03 86 42 89 89

Domaine Dauvissat
89800 Chablis
03 86 42 11 58

Domaine Jean-Paul Droin
89800 Chablis
03 86 42 16 78

Domaine d'Élise
89800 Chablis
03 86 42 40 82

Domaine Laroche
89800 Chablis
03 86 42 89 00

Domaine Raveneau
89800 Chablis
03 86 42 17 46

Domaine William Fèvre
89800 Chablis
03 86 42 12 51

CHAMBOLLE-MUSIGNY

Château de Chambolle-Musigny
21220 Chambolle-Musigny
03 80 62 85 39

Domaine A.-F. Gros
21630 Pommard
03 80 22 61 85

Domaine Noellat
21220 Chambolle-Musigny
03 80 62 83 60

Domaine Robert Siruge
21700 Vosne-Romanée
03 80 61 00 64

Domaine Roumier
21220 Chambolle-Musigny
03 80 62 86 37

CHAMPAGNE
BLANC BRUT

Duval-Leroy
51130 Vertus
03 26 52 10 75

Gratien
51200 Épernay
03 26 54 38 20

Jacquesson et Fils
51530 Dizy
03 26 55 68 11

Lanson
51056 Reims Cedex
03 26 78 50 50

Laurent-Perrier
51150 Tours-sur-Marne
03 26 58 91 22

Moët et Chandon
51333 Épernay Cedex
03 26 51 20 00

Pol Roger
51200 Epernay
03 26 59 58 00

Pommery
51100 Reims
03 26 61 62 63

Roederer
51100 Reims
03 26 40 42 11

Ruinart
51100 Reims
03 26 77 51 51

Salon
51190 Le Mesnil-sur-Oger
03 26 57 51 65

Selosse
51190 Avize
03 26 57 53 56

Veuve Clicquot Ponsardin
51100 Reims
03 26 89 54 40

CHAMPAGNE ROSÉ

Billecart-Salmon
51160 Mareuil-sur-Ay
03 26 52 60 22

Bollinger
51160 Ay
03 26 53 33 66

Deutz
51160 Ay
03 26 55 15 11

Gosset
51160 Ay
03 26 55 14 18

Krug
51100 Reims
03 26 84 44 20

Taittinger
51061 Reims Cedex
03 26 85 45 35

Perrier-Jouët
51200 Épernay
03 26 53 38 00

CHÂTEAU-CHALON

Domaine Jean-Marie Courbet
39210 Nevy-sur-Seille
03 84 85 28 70

Domaine Jean Macle
39210 Château-Chalon
03 84 85 21 85

Domaine Jacques et Barbara
Durand-Perron
39210 Voiteur
03 84 44 66 80

CHÂTEAUNEUF-DU-PAPE BLANC

Château Mont-Redon
84230 Châteauneuf-du-Pape
04 90 83 72 75

Clos du Mont Olivet
84230 Châteauneuf-du-Pape
04 90 83 72 46

Domaine de Beaurenard
84230 Châteauneuf-du-Pape
04 90 83 71 79

Domaine de Nalys
84230 Châteauneuf-du-Pape
04 90 83 72 52

Domaine Marchand
84230 Châteauneuf-du-Pape
04 90 83 70 34

CHÂTEAUNEUF-DU-PAPE ROUGE

Château de Beaucastel
84360 Courthezon
04 90 70 41 00

Château de la Nerthe
84230 Châteauneuf-du-Pape
04 90 83 70 11

Château de Lagardine
84230 Châteauneuf-du-Pape
04 90 83 73 20

Château Rayas
84230 Châteauneuf-du-Pape
04 90 83 73 09

Clos des Papes
84230 Châteauneuf-du-Pape
04 90 83 70 13

Domaine du Vieux Télégraphe
84370 Bedarridès
04 90 33 00 31

Domaine de la Janasse
84350 Courthezon
04 90 70 86 29

Réserve des Célestins
84230 Châteauneuf-du-Pape
04 90 83 73 08

CIDRE

Le Père Jules
14100 Saint-Désir
02 31 61 14 57

Château de Hauteville
53250 Charchigne
02 43 03 95 72

Domaine Louis Dupont
14430 Victot-Pontfol
02 31 63 24 24

Les Vergers du Pays d'Auge
61120 Vimoutiers
02 33 36 28 21

Manoir La Brière des Fontaines
14340 Cambremer
02 31 63 01 09

Christian Drouin SA
42, rue du Général Giraud
76000 Rouen
02 35 89 99 54

CONDRIEU

Domaine Cuilleron
42410 Chavannay
04 74 87 02 37

Domaine Vernay
69420 Condrieu
04 74 59 52 22

Domaine Gaillard
42520 Malleval
04 74 87 13 10

Domaine Perret
42410 Chavannay
04 74 87 24 74

Domaine Villard
42410 Saint-Michel-sur-Rhône
04 74 56 87 76

CORTON-CHARLEMAGNE

Domainje Bonneau du Martray
21420 Pernand-Vergelesses
03 80 21 50 64

Domaine Chevalier
21550 Ladoix-Serrigny
03 80 26 46 30

Domaine du Pavillon
21200 Beaune
03 80 24 37 37

Domaine Michel Juillot
71640 Mercurey
03 85 98 99 89

COSTIÈRES DE NÎMES ROUGE

Château Bolchet
30132 Caissargues
04 66 38 05 65

Château de Campuget
30129 Manduel
04 66 20 20 15

Châtau de l'Amarine
30129 Manduel
04 66 20 20 15

Château La Tuilerie
30900 Nîmes
04 66 70 07 52

Château Mas Neuf des Costières
30600 Gallican
04 66 73 33 23

Château Mourgues du Grès
30300 Beaucaire
04 66 59 46 10

CÔTE-RÔTIE

Domaine Jean-Michel Gerin
69420 Ampuis
04 74 56 16 56

Château d'Ampuis Guigal
69420 Ampuis
04 74 56 10 22

Domaine Burgaud
69420 Ampuis
04 74 56 11 86

Domaine Clusel Roch
69420 Ampuis
04 74 56 15 95

Domaine Duclaux
69420 Tupin-et-Semons
04 74 59 56 30

Domaine Jamet
69420 Ampuis
04 74 56 12 57

Domaine Stephan
69420 Tupin-et-Semons
04 75 56 62 66

COTEAUX DU LANGUEDOC BLANC

Château L'Hospitalet
11100 Narbonne
04 68 45 36 00

Château Puech-Haut
34160 Saint-Drezery
04 67 86 93 70

Domaine Les Aurelles
34720 Caux
04 67 98 46 21

Domaine Saint-Jean-de-Bebian
34120 Pézenas
04 67 98 13 60

COTEAUX DU LANGUEDOC ROUGE

Château de Capitoul
11100 Narbonne
04 68 49 23 30

Château de l'Engarran
34880 Laverune
04 67 47 00 02

Clos Marie
34270 Lauret
04 67 59 06 96

Domaine d'Aupilhac
34150 Montpeyroux
04 67 96 61 19

Domaine de l'Aiguelière
34150 Monpeyroux
04 67 96 61 78

Domaine Durand Camillo
34720 Caux
04 67 98 44 26

Domaine l'Hortus
34270 Valflaunes
04 67 55 31 20

Mas Bruguière
34270 Valflaunes
04 67 55 20 97

Mas Jullien
34725 Jonquières
04 67 96 60 04

CÔTES DE PROVENCE ROSÉ

Château Barbeyrolles
83580 Gassin
04 94 56 33 58

Château des Garcinières
83310 Cogolin
04 94 56 02 85

Château Les Valentines
83250 La Londe-les-Maures
04 94 15 95 50

Château Sainte-Roseline
83460 Les Arcs
04 94 99 50 30

Domaine de Saint-Ser
13114 Puyloubier
04 42 66 30 81

Mas de Cadenet
13530 Trets
04 42 29 21 59

CÔTES DU JURA VIN DE PAILLE

Château d'Arlay
39140 Arlay
03 84 85 04 22

Domaine Badoz
39800 Poligny
03 84 37 11 85

Domaine Labet Père et Fils
39190 Rotalier
03 84 25 11 13

Domaine Rousselot Pailey
39210 Lavigny
03 84 25 38 38

FITOU

Château de Nouvelles
11480 La Palme
04 68 45 40 03

Domaine Les Mille Vignes
11480 La Palme
04 68 48 57 14

Domaine Bertrand Berge
11350 Paziols
04 68 45 41 73

Producteurs du Mont Tauch
11350 Tuchan
04 68 45 41 08

HERMITAGE BLANC

Cave de Tain
26600 Tain-l'Hermitage
04 75 08 20 87

Domaine Ferraton
26600 Tain-l'Hermitage
04 75 08 59 51

Domaine Marc Sorrel
26600 Tain-l'Hermitage
04 75 07 10 07

Domaine Jean-Louis Chave
07300 Mauves
04 75 08 24 63

Maison Paul Jaboulet Aîné
26600 La Roche-de-Glun
04 75 84 68 93

HERMITAGE ROUGE

Domaine Jean-Louis Chave
07300 Mauves
04 75 08 24 63

Domaine des Remizières
26600 Mercurol
04 75 07 44 28

Maison Chapoutier
26600 Tain-l'Hermitage
04 75 08 92 61

Maison Delas
07300 Saint-Jean-de-Muzols
04 75 08 60 30

Maison Paul Jaboulet Aîné
26600 La Roche-de-Glun
04 75 84 68 93

LES BAUX DE PROVENCE ROUGE

Château Romanin
13210 Saint-Rémy-de-Provence
04 90 92 45 87

Domaine Hauvette
13210 Saint-Rémy-de-Provence
04 90 92 03 90

Mas Sainte-Berthe
13520 Les Baux-de-Provence
04 90 54 39 01

L'ÉTOILE BLANC

Château de l'Étoile
39570 L'Étoile
03 84 47 33 07

Domaine Geneletti
39570 L'Étoile
03 84 47 46 25

Domaine de Montbourgeau
39570 L'Étoile
03 84 47 32 96

MÂCON BLANC

Domaine Bonhomme
71260 Viré
03 85 33 11 86

Domaine Guffens-Heynen
71960 Vergisson
03 85 35 84 22

Domaine Les Hauts d'Azenay
71260 Azé
04 74 50 90 60

Domaine Thévenet
71260 Clessé
03 85 36 94 03

Domaine Valette
71570 Chaintré
03 85 35 62 97

MADIRAN

Chapelle Lenclos
32400 Maumusson
05 62 69 78 11

Château Bouscassé
32400 Maumusson
05 62 69 74 67

Château d'Aydie
64330 Aydie
05 59 04 01 17

Château Laffitte-Teston
32400 Maumusson
05 62 69 74 58

Domaine Moureou
32400 Maumusson
05 62 69 78 11

MARGAUX ROUGE

Château Labégorce Zédé
33460 Margaux
05 57 88 71 31

Château Margaux
33460 Margaux
05 57 88 83 83

Château Rauzan-Segla
33460 Margaux
05 57 88 82 10

Château Monbrison
33460 Arsac
05 56 58 80 04

Château Palmer
33460 Margaux
05 57 88 72 72

Château Siran
33460 Lambarde
05 57 88 34 04

MEURSAULT BLANC

Domaine Jean-Marc Boillot
21630 Pommard
03 80 22 71 29

Domaine Coche Dury
21190 Meursault
03 80 21 24 12

Domaine des Comtes Lafon
21190 Meursault
03 80 21 22 17

Domaine Morey Pierre
21190 Meursault
03 80 21 21 03

Domaine Jacques Prieur
21190 Meursault
03 80 21 23 85

Domaine Roulot
21190 Meursalut
03 80 21 21 65

Maison Bouchard Père et Fils
21200 Beaune
03 80 24 80 24

MUSCADET DE SÈVRE-ET-MAINE

Château de la Preuille
85600 Saint-Hilaire-de-Loulay
02 51 46 32 32

Château La Ragotière
44330 Vallet-la-Regrippière
02 40 33 60 56

Domaine de l'Écu
44430 Le Landreau
02 40 06 40 91

Domaine de la Louvetrie
44690 La Haye-Fouassière
02 40 54 83 27

Domaine Luneau-Papin
44430 Le Landreau
02 40 06 45 27

MUSCAT DE MIREVAL

Domaine de la Capelle
34110 Mireval
04 67 78 15 14

Domaine du Moulinas
34110 Mireval
04 67 78 13 97

Domaine du Mas Neuf
34110 Vic-la-Gardiole
04 67 78 37 44

MUSCAT DU CAP CORSE

Clos Nicrosi
20247 Rogliano
04 95 35 41 17

Domaine Arena
20253 Patrimonio
04 95 37 08 27

Domaine Gentile
20217 Saint-Florent
04 95 37 01 54

Domaine Leccia
20232 Poggio d'Oletta
04 95 37 11 35

Domaine Pierretti
20228 Luri
04 95 35 01 03

NUITS-SAINT-GEORGES ROUGE

Clos de l'Arlot
21700 Prémeaux-Prissey
03 80 81 01 92

Domaine Prieuré Roch
21700 Nuits Saint-Georges
03 80 82 38 79

Maison Faiveley
21700 Nuits Saint-Georges
03 80 61 04 55

PACHERENC DU VIC-BILH MOELLEUX

Château d'Aydie
64330 Aydie
05 59 04 01 17

Château Bouscassé
32400 Maumusson
05 62 69 74 67

Château Laffitte-Teston
32400 Maumusson
05 62 69 74 58

Producteurs de Plaimont
32400 Saint-Mont
05 62 69 62 87

PALETTE BLANC

Château Crémade
13100 Le Tholonet
04 42 68 92 66

Château Simone
13590 Meyreuil
04 42 66 92 58

PATRIMONIO BLANC

Domaine Arena
20253 Patrimonio
04 95 37 08 27

Domaine de Catarelli
20253 Patrimonio
04 95 37 02 84

Domaine Giudicelli
20213 Penta di Casinca
04 95 36 45 10

Domaine Leccia
20232 Poggio d'Oletta
04 95 37 11 35

PAUILLAC

Château La Bécasse
33250 Pauillac
05 56 59 07 14

Château Latour
33250 Pauillac
05 56 73 19 80

Château Lafite Rothschild
33250 Pauillac
05 56 73 18 18

Château Lynch Bages
33250 Pauillac
05 56 73 24 00

Château Pontet-Canet
33250 Pauillac
05 56 59 04 04

Château Mouton Rothschild
33250 Pauillac
05 56 59 22 22

Château Pichon Longueville
33250 Pauillac
05 56 73 24 00

Château Pichon Longueville-Comtesse de Lalande
33250 Pauillac
05 56 59 19 40

PÉCHARMANT

Château de Biran
24520 Saint-Sauveur-de-Bergerac
05 53 22 46 29

Château de Tiregand
24100 Creysse
05 53 23 21 08

Château La Tilleraie
24100 Pécharmant
05 53 57 86 42

Domaine du Haut-Pécharmant
24100 Bergerac
05 53 57 29 50

PESSAC-LÉOGNAN BLANC

Domaine de Chevalier
33850 Léognan
05 56 64 16 16

Château La Garde
33650 Martillac
05 56 35 53 00

Château de Fieuzal
33580 Léognan
05 56 64 77 86

Château Smith Haut Lafitte
33650 Martillac
05 57 83 11 22

Château Larrivet-Haut-Brion
33850 Léognan
05 56 64 75 51

Château Couhins-Lurton
33420 Grézillac
05 57 25 58 58

Château Malartic-Lagravière
33850 Léognan
05 56 64 75 08

PESSAC-LÉOGNAN

ROUGE

Château de France
33850 Léognan
05 56 64 75 39

Château Haut-Bailly
33850 Léognan
05 56 64 75 11

Château Haut-Bergey
33850 Léognan
05 56 64 05 22

Château Haut-Brion
33602 Pessac
05 56 00 29 30

Château Malartic-Lagravière
33850 Léognan
05 56 64 75 08

Château La Louvière
33850 Léognan
05 57 25 58 58

Château Pape Clément
33600 Pessac
05 57 26 38 38

POMEROL

Château Clos du Clocher
33500 Pomerol
05 57 51 62 17

Château Croix de Gay
33500 Pomerol
05 57 51 19 05

Château la Conseillante
33500 Pomerol
05 57 51 15 32

Château l'Église-Clinet
33500 Pomerol
05 57 25 99 00

Château Lafleur
33240 Mouillac
05 57 84 44 03

Château Le Bon Pasteur
33500 Pomerol
05 57 51 10 94

Château Mazeyres
33501 Libourne
05 57 51 00 48

Château Petit-Village
33500 Pomerol
05 57 51 21 08

Château Trotanoy
33500 Pomerol
05 57 51 78 96

Vieux Château Certan
33500 Pomerol
05 57 51 17 33

POMMARD

Domaine Jean-Marc Boillot
21630 Pommard
03 80 22 71 29

Domaine de Courcel
21630 Pommard
03 80 22 10 64

Domaine Parent
21630 Pommard
03 80 22 15 08

Domaine Rebourgeon-Mure
21630 Pommard
03 80 22 75 39

Domaine Le Royer Girardin
21630 Pommard
03 80 22 59 69

POUILLY-FUMÉ

Château de Tracy
58150 Tracy-sur-Loire
03 86 26 15 12

Didier Dagueneau
58150 Saint-Andelain
03 86 39 15 62

Domaine des Berthiers Dagueneau
58150 Saint-Andelain
03 86 39 12 85

Domaine Redde
58150 Pouilly-sur-Loire
03 86 39 14 72

Maison Guy Saget
58150 Pouilly-sur-Loire
03 86 39 57 75

PULIGNY-MONTRACHET BLANC

Domaine du Château de Puligny
21190 Puligny-Montrachet
03 80 21 39 14

Domaine Leflaive
21190 Puligny-Montrachet
03 80 21 30 13

Domaine Louis Carillon
21190 Puligny-Montrachet
03 80 21 30 34

Domaine Sauzet
21190 Puligny-Montrachet
03 80 21 32 10

Maison Louis Jadot
21200 Beaune
03 80 22 10 57

QUINCY

Domaine Sallé
18120 Quincy
02 54 04 04 48

Domaine Sorbe
18120 Preuilly
02 48 51 99 43

Domaine du Tremblay
18120 Brinay
02 48 75 20 09

Domaine Trotereau
18120 Quincy
02 48 51 37 37

SAINT-ÉMILION

Château Angelus
33305 Saint-Émilion
05 57 24 71 39

Château Canon
33330 Saint-Émilion
05 57 55 23 45

Château Canon La Gaffelière
33330 Saint-Émilion
05 57 24 71 33

Château Chauvin
33330 Saint-Émilion
05 57 24 76 25

Château Cheval Blanc
33330 Saint-Émilion
05 57 55 55 55

Château Faugères
33330 Saint-Étienne-de-Lisse
05 57 40 34 99

Château Figeac
33330 Saint-Émilion
05 57 24 72 26

Château Larmande
33330 Saint-Émilion
05 57 24 71 41

Château Moulin Saint-Georges
33330 Saint-Émilion
05 57 24 70 26

Château Pavie
33330 Saint-Émilion
05 57 55 43 43

Château Troplong Mondot
33300 Saint-Émilion
05 57 55 32 05

Château La Couspaude
33330 Saint-Émilion
05 57 40 15 76

SAUTERNES

Château Gilette
33210 Preignac
05 56 76 28 44

Château Lafaurie-Peyraguey
33210 Bommes
05 57 19 57 77

Château Raymond-Lafon
33210 Sauternes
05 56 63 21 02

Château de Rayne Vigneau
33210 Bommes
05 56 11 29 00

Château Rieussec
33210 Fargues
05 57 98 14 14

Château d'Yquem
33210 Sauternes
05 56 63 21 02

SAVENNIÈRES

Château d'Épire
49170 Savennières
02 41 77 20 59

Coulée de Serrant
49170 Savennières
02 41 72 28 20

Domaine du Closel
49170 Savennières
02 41 72 81 00

Domaine Pierre Soulez
49170 Savennières
02 41 77 20 04

SAVIGNY-LÈS-BEAUNE ROUGE

Daniel Largeot
21200 Chorey-lès-Beaune
03 80 22 15 10

Domaine Chandon de Brialles
21420 Savigny-lès-Beaune
03 80 21 52 31

Domaine Rapet
21420 Pernand-Vergelesses
03 80 21 59 94

Domaine Simon Bize et Fils
21420 Savigny-lès-Beaune
03 80 21 50 57

TAVEL

Château de Trinquevedel
30126 Tavel
04 66 50 04 04

Domaine de la Mordorée
30126 Tavel
04 66 50 00 75

Domaine Roc de l'Olivet
30126 Tavel
04 66 50 37 87

Domaine Verda
30126 Tavel
04 66 82 87 28

TURSAN BLANC

Château de Bachen
40800 Duhort-Bachen
05 58 71 76 76

Château de Perchade
40320 Payros-Cazautets
05 58 44 50 68

Les Vignerons de Tursan
40320 Geaune
05 58 44 51 25

VIN DE SAVOIE CHIGNIN BERGERON

Domaine André et Michel Quénard
73800 Chignin
04 79 28 12 75

Domaine Raymond Quénard
73800 Chignin
04 79 28 01 46

Domaine Louis Magnin
73800 Arbin
04 79 84 12 12

VOSNE-ROMANÉE

Domaine Anne Gros
21700 Vosne-Romanée
03 80 61 05 95

Domaine des Perdrix
71640 Mercurey
03 85 98 12 12

Domaine Jayer Henri
21700 Vosne-Romanée
03 80 61 03 84

Domaine Leroy
21190 Auxey-Duresses
03 80 21 21 10

Domaine Méo-Camuzet
21700 Vosne-Romanée
03 80 61 11 05

Domaine Mongeard-Mugneret
21700 Vosne-Romanée
03 80 61 11 95

Maison Dominique Laurent
21700 Nuits-Saint-Georges
03 80 61 31 62

Maison Faiveley
21700 Nuits-Saint-Georges
03 80 61 04 55

REMERCIEMENTS

Ce livre étant la résultante d'années de rencontres et d'émotions, je tiens à remercier tous ceux qui ont contribué à me faire découvrir la fabuleuse histoire des saveurs, mes complices du goût et amis producteurs de vins, sommeliers, cuisiniers, cavistes, journalistes et amateurs.
Je remercie également Anne Vantal et Blandine Houdart pour leur efficace collaboration.
J'exprime ma reconnaissance à Jean-Charles Vaillant, photographe, et à Éric Trochon, styliste culinaire, pour avoir si bien retransmis en image le message de mes saveurs. Merci aussi à tous ceux qui les ont accueillis, aidés ou leur ont prêté des objets pour illustrer ce livre, notamment à Harry et Marc, Isabelle et Jean-Luc, Anne et Pierre-Yves, ainsi qu'à Jaune de chrome-Palais Royal et aux Cristalleries royales de Champagne.
Je remercie aussi toute l'équipe du Bistrot du Sommelier, en particulier mon chef de cuisine Jean-André Lallican et mon sommelier-maître d'hôtel Xavier Guillien pour leur aide logistique.
Merci à Nadine, Célia et Mathias, complices de mes saveurs de vie au quotidien.

DIRECTION D'OUVRAGE
Blandine Houdart
RESPONSABLE ARTISTIQUE
Nancy Dorking
CRÉATION ET RÉALISATION
François Huertas

PHOTOGRAVURE
Penez Édition à Lille
IMPRESSION
Editoriale Lloyd en Italie

Dépôt légal : 66425 - décembre 2005
ISBN : 285 120580 3
65.0840.2 - 05